わたしの好きな仏さまめぐり

瀬戸内寂聴

マガジンハウス

わたしの好きな仏さまめぐり

瀬戸内寂聴

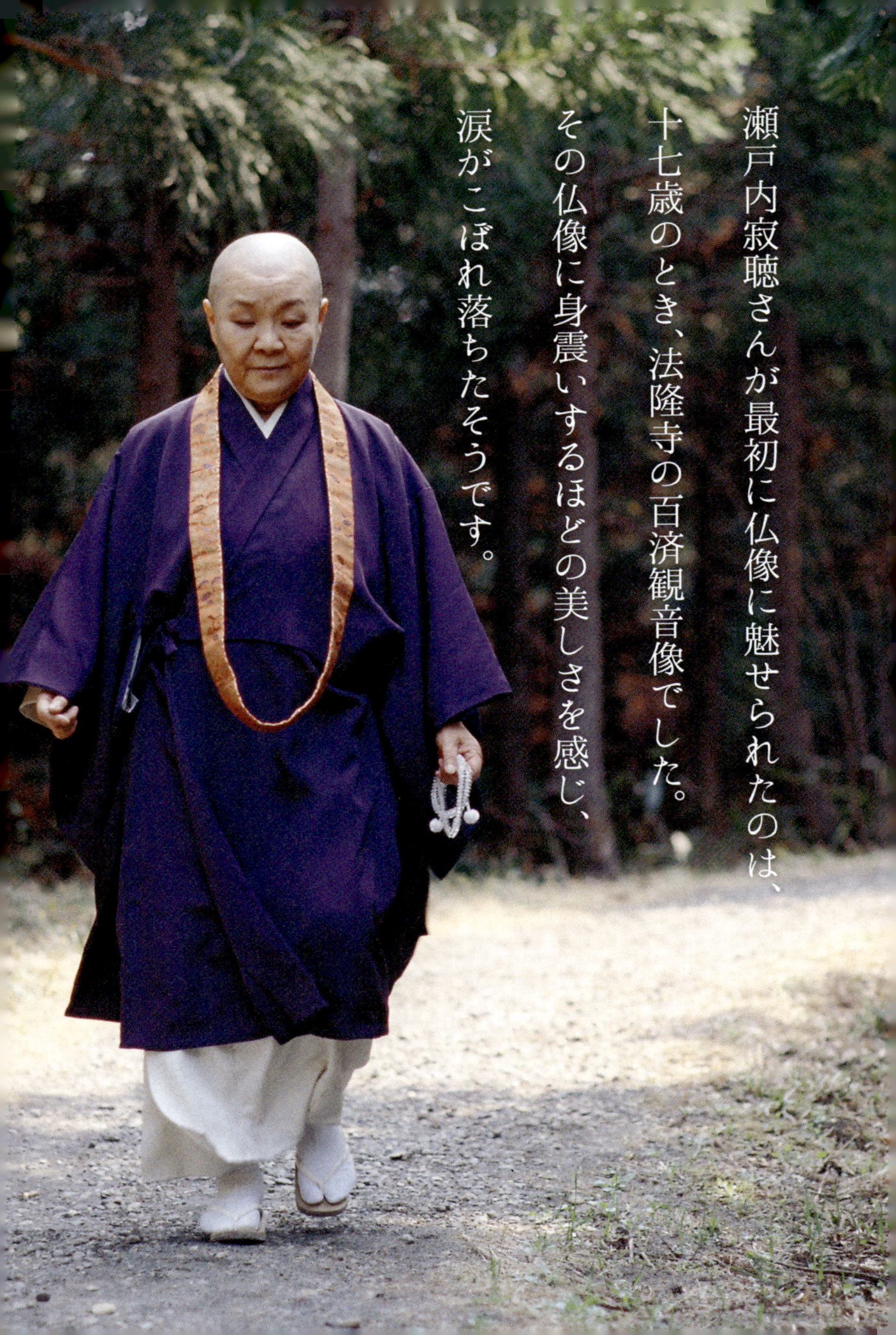
瀬戸内寂聴さんが最初に仏像に魅せられたのは、
十七歳のとき、法隆寺の百済観音像でした。
その仏像に身震いするほどの美しさを感じ、
涙がこぼれ落ちたそうです。

まだ将来の出家など想像もせず、
宗教心もなかったころ。
それでもひとつの仏像から、
これほど深く魂を震わされるとは……
そのわけを求めて、
寂聴さんの仏さまめぐりがはじまりました。

学校の授業で仏像の歴史や
美術的価値を学ぶのは大事なことだけど、
仏像とはもっと人間の知識を超えた存在ではないだろうか——

仏門に入って本格的に修行し、
仏さまを拝むようになった寂聴さん。
東北は天台寺の桂泉《けいせん》観音から呼ばれるという不思議な体験をして
そうした思いはますます深まったといいます。
荒れ寺の復興を遂げ、僧侶、作家として
縦横に活躍する〝生きる力〟の源は、
仏さまとの深い縁にあったようです。

官能が匂い立つ法華寺の十一面観音、
無垢で清らかな浄瑠璃寺の吉祥天、
生命力に満ちた清凉寺の釈迦如来、
力強く厳しい神護寺の薬師如来、
古都の山里に隠れる磨崖仏たちから
琵琶湖畔の優しくあでやかな観音菩薩まで
仏像を訪ね歩く寂聴さんの〃ほとけ径《みち》〃。

大好きな仏さまに何度でも会いたい、
深く拝んで魂を震わせたい……
最愛の仏像を共にめぐってみませんか。

目次

《はじめに》わたしの仏縁

私が仏像に魅せられたのは、いつの頃からだったでしょうか。

出家をする以前の記憶を遡ると、通っていた東京女子大学での日本美術史の授業を思い出します。キリスト教系の学校ではありましたが、その講義で私は仏像について本格的に学びました。在学中すでに太平洋戦争は始まっていましたが、卒業旅行では奈良、京都をめぐり、当地の仏像もしっかり見て回ることができたのです。

とは言え、四国の徳島生まれの私にとっては、東京に行くよりは関西の方が近く、大学に入る前にも奈良や京都にはしばしば訪れたことがありました。しかも私の実家は神仏具商です。今にして思えば、知識はなくても幼い頃からずっと仏像を眺めてきたように思います。

仏像との出会いの中で、最初に大きな感動を覚えたのは、十七歳の時めぐりあった、奈良の法隆寺の百済《くだら》観音像でした。参観の人々の間にもまれて、このみ仏を仰ぎ見つめているうちに涙があふれてきてどうしようもなかったのです。

　当時、何の宗教心もなかった私でしたが、観音さまのお顔、肩、指先、立たれている姿形が、観音像を取りまく空気と一体となって、身震いするほど美しいと思いました。その時は薄暗い埃っぽい部屋の中で、み仏は無防禦な姿勢のまま、空気にさらされて立っていられたのです。手を伸ばせば触れられそうな近さで仏さまを見られたことも幸いでした。

　その頃の仏像は、お寺によっては畳座敷の真ん中に座っていらっしゃったりしたのです。仏さまのまわりをぐるぐる廻りながら見飽きることがありませんでした。おそらく、いたずらをしようと

思う人もあまりいなかったのでしょう。今は拝観の機会が限られていたり、鍵のかかったガラスケースの中に収められていたりと、仏像との距離感もずいぶん変わってしまいました。

仏像は拝む者の心を映す

学校で学んだ通り、美術品として高く評価される仏像は、国宝や文化財として守られるべきものであります。その時代の最高の技術で美しく作られている仏像たちの美術的価値は計り知れません。しかし、思いがけなく五十歳を越えてから出家して以来、私にとって仏像は、美術品とか鑑賞対象ではなく拝跪《はいき》するものになったのです。

あるとき仏像を前に、合掌をしては見上げ、見上げてはひれ伏す五体投地礼《ごたいとうちれい》の動作を続けていた私の目に、ふっと仏さまが微笑まれたように映ったことがありました。もちろんそれは、繰り返し拝むなかで、頭もぼうっとして目も霞んできた私の錯覚だったかもしれません。しかし、仏像は拝む者の心を映して、その表情も変わるものなのではないかと思うようになりました。

本当によい仏像は元来表情がないものと、私は考えるようになりました。こちらが悲しいときは慰めてくれるようなお顔に、嬉しいときは一緒に喜んでくれるようなお顔にと、見る者、拝む者の心を反映して表情が変わる仏像こそが、名作なのではないでしょうか。造型技術の上手下手ではなく、仏師が一心に作って出来上がった仏像は、きっと私たちの心を鏡のように映して応えてくれる。それこそが本物なのだと思います。そんな仏像の前で掌を合わすたびに、仏さまから確かに迎え容れられているような不思議な安堵感を、いつの間にか私は抱くようになったのです。

そしてその後、仏像から呼ばれるという体験を私はすることになりました。思いもかけない仏縁で、みちのくの天台寺へ晋山《しんざん》したのは、今から三十年も前のことです。初めはお寺の荒廃ぶりに呆然とし、とても私ひとりでは復興することなどできないと思いました。

しかし、本堂では大きな薬師仏がおおらかな微笑みをもって私を迎えてくださったのです。そしてご本尊の桂泉観音《けいせんかんのん》と呼ばれている聖観音像《しょうかんのん》を拝した時、ここへ私を呼ばれたのは、まさにこれらの仏さまたちなのだと悟りました。

観世音の美しさと力強さから、不思議な勇気を与えられたような気がして、自分だけの力で復興しようという思い上がった心を捨て、ひたすら無心にこの仏さまを拝み続ければいいのだという思いがその場で湧いてきたのです。その後、散逸していた天台寺の仏さまたちも買い戻したりして、元の場所にお祀りしました。仏さまの導きで檀家一同で力を合わせて復興をなしとげた次第は、本文に書いた通りです。東北はいままだ震災の被害の復興の途上ですが、きっとみ仏の御力が復興の道に光を照らして下さると私は信じています。

この天台寺で、もう少し山の暮らしに落着いたら観音像を彫ってみたいと思っていた私は、ある日突然、土仏づくりに目覚めました。土は、天台寺のある浄法《じょうぼう》寺《じ》町《まち》のたんぼの土や、天台寺の山の土をまぜ、夜、囲炉裏端でひとり過ごす時に、いくつもいくつも作ったのです。掌に入るほどの可愛らしい小さな土仏に、爪楊枝で目鼻を描いていきました。私の作る仏像はみんな微笑みをたたえていらっしゃる。地蔵、観音、不動、薬師、誕生仏など何でもござれで、六地蔵は特に得意でした。焼くとテラコッタの素朴な味わいが出るのです。

仏像と過ごす豊かな時間

　そのうち、木彫りも石仏も始めました。木彫りはちょっと時間がかかるもので、木の中にいらっしゃる仏さまにお出ましを願う気持ちで彫りました。石仏は彫ってみてわかったのですが、石が柔らかく感じられる時があります。硬そうに思える石なのに、仏さまを彫っているとこちらの心を察して、石がなじんでくれることを知ったのも貴重な体験でした。いま寂庵の庭には私が彫った石仏がひとつ残っています。頭は苔むして、なかなか味わい深くなりました。

　寂庵の御本尊は聖観音で、女子大の友人が勤めていた古美術商「繭山龍泉堂《まゆやまりゅうせんどう》」から買ったもので、亡くなった先代の御主人が、奈良の興福寺の千体仏のひとつだと保証してくれました。千体仏というのはいわばレプリカで、同じものをたくさん作るのです。名仏師の彫るものではなく、ほとんどは弟子や素人に近い人たちが彫ったものでしょう。目や鼻もぼんやりして手が欠けているし、台座も後のものらしく貧相ですが、この観音さまは肩のあたりの線がとても力強くて品があるのです。千体仏の一つとは言え、長い歳月、焼かれも流されもせずにいらっしゃったというのは、きっとそれだけの霊力がおありなのだと信じて拝んできました。

出家して、観音さまを朝夕拝んでいるうちに、私の周りでもたちまち歳月が過ぎ去って行きました。小説家として僧侶としてこうして大過なく過ごしてこられたのも、み仏の御助力あってのことです。

そして大好きな観音さまをはじめとして様々な仏像、仏さまにめぐりあった私の道程を、今またこうして皆さまに辿っていただけるのは本当にありがたいことだと思っています。ぜひ仏像と、よいめぐりあわせの縁を持たれて、あなたの人生が更に豊かになることを祈ってやみません。

奈良県

十一面観音

――法華寺《ほっけじ》

美貌の皇后の面影を写したという十一面観音菩薩像から爛熟した女の濃艶さ、官能の匂いが立ちのぼる。

聖なる観音像に匂い立つ官能

生きるということは、数えきれないめぐりあいの積み重ねではないだろうか。人との、物との、風景との、そして寺々、仏たちとの。

豊かな生とは、めぐりあいの記憶の美しさとおびただしさに支えられている。

生の黄昏《たそがれ》の光に立つと、なつかしい記憶の中から、旅の途上の寺々の中でめぐりあった、仏たちの慈眼に招き寄せられるように、追憶のほとけ径《みち》をたどりたくなるのだった。

旅はひとり旅がいい。その春の終りのある朝も、私は思い立つとすぐ、ひとり奈良へ向った。

東大寺の転害門《てがいもん》[1]から東西に走る一条南大路約三キロは、昔から佐保路《さほじ》と呼ばれていた。今は広くもないコンクリートの道路を車の往来が激しいが、天平の昔は、幅約二十四メートルもあったメーンストリートだった。道の両側の佐保の内と呼ばれたあたりは、長屋王《ながやのおおきみ》はじめ貴顕の大邸宅や別荘が並んでいた。咲く花の匂うが如しと歌われた、花の都の幻を思い描きながら一筋の道を突き当たると、突然ひんやりとした澄明な空気

1601（慶長6）年に再興された本堂始め須弥壇は、淀君の寄進によるもの。

につつまれる。

白い築地塀に囲まれた法華寺がそこにある。土塀に刻まれた数条の横筋は、尊い門跡寺《もんぜきでら》にのみ用いられる。門跡寺は江戸時代までは、皇族や貴族しか住職になれない格式を保っていた。今では塀のすぐ際まで人家が建てこんでいるが、白い門跡塀は、埃っぽい俗気をそこで厳しく遮断しているように見える。

門が二つ並び、東門の右柱には「法華寺門跡」という標札がかかり、左柱の傍らに「不許酒肉五辛[2]入門内（シュニクゴジンノモンナイニハイルヲユルサズ）」と刻まれた石標が厳かに立っている。

そこより西にある南門からの眺めが昔から私は好きで、まず、必ずそこに立つ。まるで門が額縁のように、その奥にすっきりとした本堂と境内が収まっているのだった。地面は白い玉砂利が敷きつめられ、本堂の中央前に形のいい石燈籠が一基立っている。しゅろの木とわずかな松の木だけしかない空間は、清浄と静謐《せいひつ》の気韻をたたえていて、思わず衿を正したくなる。境内の出入りは東門からだ。

門内に入るとすぐ目の前に有名な「から風呂」がある。光明皇后《こうみょうこうごう》[3]が、病人に施浴《せよく》されたという風呂の名残りである。今は閉ざされているが、前には自由に出入りが許されていた。中は物置のような殺風景なもので、三方は壁で、床は石瓦が敷きつめられ、右壁ぞいに宙に押入れ戸棚のようなものが張り出していた。引き戸をひくと床は簀子《すのこ》になり、板壁で二室に区切られていた。建物の外に煉瓦をつんだ窯があり、蒸気が簀子の下から這い上がる仕組みだった。つまりサウナだ。

光明皇后は慈悲の心が深く、病者には薬を、貧者には食物を与えるという社会事業や福祉事業にも力を尽している。施浴の「から風呂」もその一つで、ここで皇后は千人の病人の垢を自ら洗ったという伝説が生まれ、千人めの病人の腫れ物の膿を吸われた時、病人は光り輝く仏となって、皇后を祝福したと伝えられている。施浴の功徳《くどく》を説く話は西洋にもある。

風呂を覗いた後で本堂に入り、はじめて国宝の御本尊十一面観音立像《りゅうぞう》を拝した時のショックを、今も私は忘れることができない。

その頃は、本堂須弥壇《しゅみだん》のお厨子《ずし》の中に収まっていた御本尊を、十五分二十円也という懐中電灯の光で、お側近く拝することができた。さし入れた電灯の光の中に、いきなりあらわれたのは、ふっくらとした女人の素足であった。わずかに踏み出した右足の拇指《おや》がくっと反り返っている。そのなまめかしさに、思わず息を呑んだ。光りがなめていくにつれ、千年の香煙に煤《かす》み、濃い飴色に染まった仏像の肌は、南国の陽に蒸れた女人の肌を想わせ、ふっと官能的な体臭まで漂ってきそうな感じがする。

白檀《びゃくだん》とか檜《ひのき》とかいわれる一木彫《いちぼくぼり》の目が薄く浮く肌を、透かすようにしなやかな天衣《てんね》がゆるやかに波うっている。右肩の天衣の端が今にも落ちそうなあやうさでとまっている。乳房と見まがう豊かな胸も、軽くひねった腰の線も、菩薩というより爛熟した女の濃艶さを匂わせ、むしろ官能の匂いが立ちのぼる。

端整さの中にも、野性的な挑むような勁《つよ》さをたたえた顔。厚いぼってりとした唇は肉感的で、愕《おどろ》いたことに、ほのかな臙脂《えんじ》の名残りがまだそこに息づいていたのだ。
まるで生きた皇后の息吹の匂いをかいだような、一瞬の目まいに私はおそわれてい
た。
北インドのガンダーラの王が生きた観音を見たいと希《ねが》い、夢のお告げを得て、はるば
る名仏師を日本に遣わした。仏師が池畔を逍遥《しょうよう》する光明皇后をモデルにして彫りあげた
のが、この像だと伝えられている。この仏像にどこか異国的な匂いがするのは、そんな
伝説のせいだろうか。

今はまた秘仏とされ、厨子の扉は閉ざされている。その代り、昭和の名仏師だった松《まつ》
久朋琳《ひさほうりん》、宗琳《そうりん》父子の手でレプリカが彫られ、祀られている。私の仏像彫りの師でもあっ
た朋琳師は、この光栄なお仕事を依頼された時、白髪の童顔を笑み崩して、

「長生きするとは有難いこってすなあ、生涯の終りにこんなもったいない仏さまを彫ら
していただけるとは、冥加《みょうが》なことです」

とつぶやき、いつか涙ぐんでいられた。

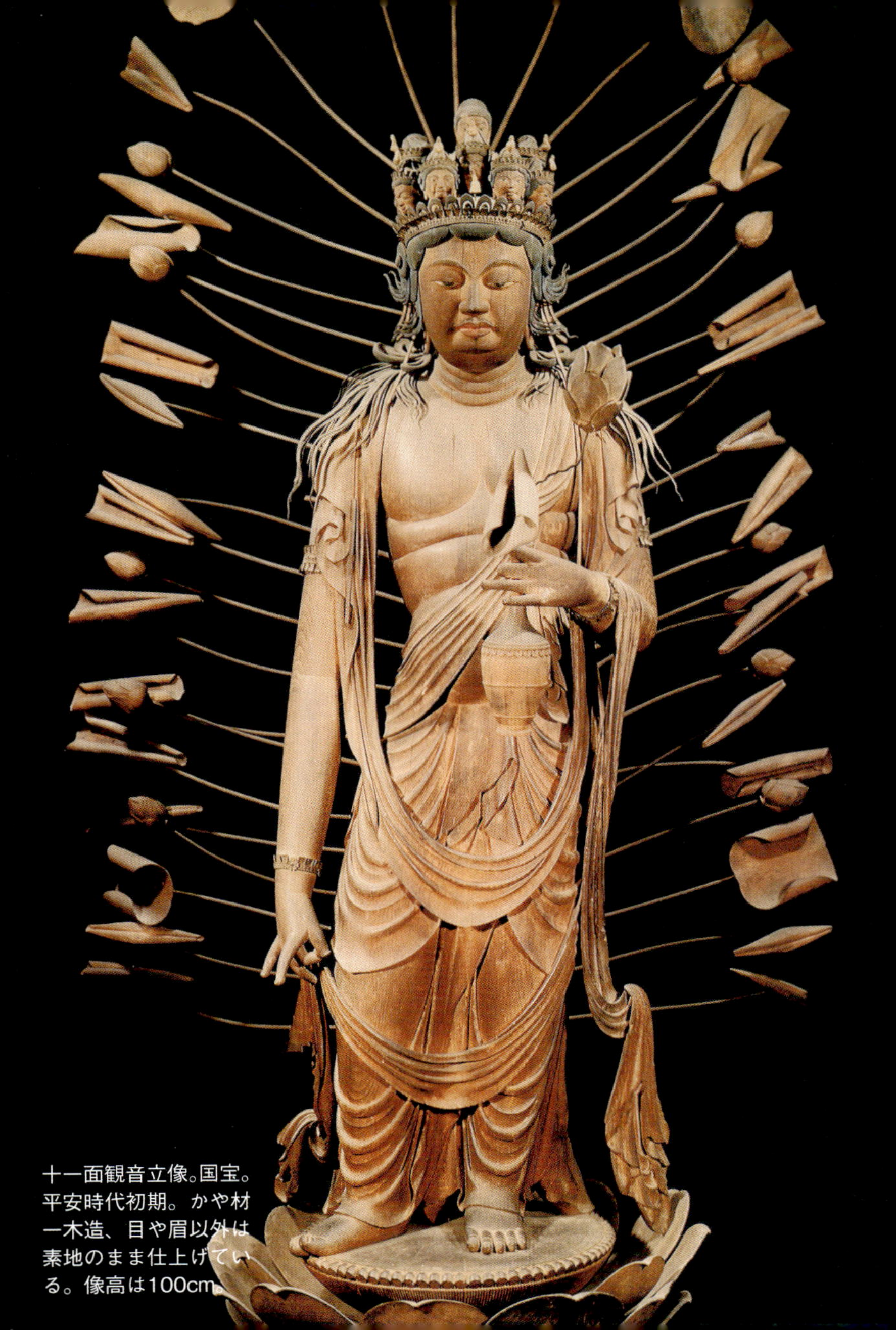

十一面観音立像。国宝。平安時代初期。かや材一木造、目や眉以外は素地のまま仕上げている。像高は100cm。

女人の歴史を刻む安らぎの寺

この寺は平城京の最高実力者、藤原不比等《ふじわらのふひと》[4]の邸跡であった。光明皇后は不比等を父に橘三千代《たちばなのみちよ》を母に、藤原鎌足《ふじわらのかまたり》の孫として生まれた。安宿媛《あすかべひめ》と名づけられた赤子はここに育ち、天性の美貌は輝きを増しつづけた。誰いうとなく光明子《こうみょうし》と呼ばれ、十六歳で、同年の皇太子の妃となる。皇太子とは叔母・甥の関係の血族結婚であった。皇太子は聖武《しょうむ》天皇[5]となり、光明子を皇后に立てた。平民皇后の出現は、当時としても異例であった。

藤原氏の野望と陰謀がその陰でどれほど血なまぐさい事件を引き起こしたか。光明皇后はそうした事件に関係なく、生まれながらにして皇后としての器を持っていた。

吾背子《わがせこ》と二人見ませば幾許《いくばく》かこの降る雪のうれしからまし

おおどかで素直なこんな歌を詠む皇后を、聖武天皇は心から愛さずにいられなかったのだろう。

光明皇后は誰はばからず堂々と聖武天皇と並び立ち、性来神経質で気の弱い天皇を激励し、煽動し、扶《たす》けていく。二人は矢つぎばやに寺を建てつづけた。全国に国分寺《こくぶんじ》と国《こく》分尼寺《ぶんにじ》が置かれ、皇后は父の遺産の邸を寺にした。光明子は皇后になってから、この邸を皇后宮としていたが、やがて宮寺とした。その宮寺が国分尼寺となって、「法華滅罪《ほっけめつざい》之寺《のてら》」となり、やがて総国分尼寺として、諸国の国分尼寺を総轄するようになる。

何となくおどろおどろしい寺名だが、仏教の根本は懺悔《さんげ》にあるのだし、どんな人間も人間である以上、罪を犯しつづけて生きているのである。

横笛が自ら手紙の紙片を張って作った自像と伝えられている。像高は約30cm。

ふと気配を感じて見上げると、須弥壇の背後から白い尼僧の顔が覗いた。思いがけなく当時の御門跡久我《こが》高照《こうしょう》[6]さまが、白芙蓉のようなすがすがしい笑顔をお見せになっていられた。本堂の薄明のせいか、私には一瞬、御門主さまのお姿が、花の精の幻のように目に映った。

　御門主さまは私を覚えていて下さった。以前、私たちは中国の沙漠の町敦煌《とんこう》で偶然お目にかかっている。高貴の御家柄のお姫さまが十四歳で自ら望まれて御出家をとげられ、この寺の門跡尼として、長い歳月を限りなく清浄にお過ごしになられた。法華寺は美しい皇后によって建てられ、淀君というこれまた絶世の美女によって再建され、今また、美貌の御門主さまによって、法灯を護られていた。この寺に漂う得もいわれない落着きと、安らかさと、なつかしさは、そうした香しい女人の歴史によるものだろうか。

　帰りに、か細い首をうつむけた可憐な横笛[7]の像にも手を合わせ、いつものように土の犬のお守りを需《もと》める。光明皇后が護摩供養《ごまくよう》の灰と寺内の土で自ら造られたというお守りが、現在も尼僧の手造りで受けつがれている。安産のお守りとして特に名高い。出産をひかえた人たちのためと、私のお守り用にと、大中小の小犬をいくつもいただく。ようやく、参拝者の人影が見えはじめたが、この世でないような静寂は保たれたままだった。

[1]転害門：数々の戦火を免れて遺った東大寺の伽藍建築を代表する門。

[2]五辛：五辛《ごじん》は仏教では避ける臭気のある野菜。大蒜《にんにく》、葱《ねぎ》、韮《にら》、辣韮《らっきょう》、野蒜《のびる》。

[3]光明皇后：701〜760年。仏教信仰に基づいた篤志家として活躍。

[4]藤原不比等：659〜720年。藤原鎌足の次男。平城京遷都を主導し、興福寺を開いた。

[5]聖武天皇：701〜756年。第45代天皇。在位中、災害疫病の多発から仏教に深く帰依。東大寺大仏の開眼法要も行った。

[6]久我高照：1921〜2011年。旧侯爵・久我家出身で明治天皇のお后、昭憲皇后の姪にあたる。なお現在の御門跡は樋《ひ》口《ぐち》教香《きょうこう》師。

[7]横笛：平清盛の二女・徳子（後の建礼門院）付きの女官。斎藤時頼（後の滝口入道）との悲恋の果てに法華寺で尼となった。

光明皇后から始まって、代々の門跡が相伝し、尼僧たちが作るお守り犬。

法華寺

奈良県奈良市法華寺町882 ☎0742-33-2261 拝観時間9:00〜17:00（受付は16:30まで）拝観料500円（秘仏公開日は700円） 近鉄大和西大寺駅北口バス乗り場より近鉄奈良駅行き（自衛隊経由）にて「法華寺」下車徒歩3分 ◎本尊十一面観音菩薩立像は春期と秋期に公開。日程は毎年変動するので問合せを。「から風呂」は外観のみ公開。7月には蓮華会式（茅の輪くぐり）を開催。
HP http://www.hokkeji-nara.jp/

仏縁コラム

信仰篤き光明皇后の慈悲が託された寺

『法《ほっ》華《け》尼《に》寺《じ》縁《えん》起《ぎ》』には、光明皇后が、東大寺の女人禁制を悲しんで法華寺を創建されたとあります。

　全国の国分尼寺では尼僧たちが『法華経』を読誦し、女性の現世と来世での安楽を祈っていたのですが、法華寺はそうした国分尼寺を統括する総国分尼寺となりました。

　光明皇后は、仏教の信仰篤く、困窮者のために、悲《ひ》田《でん》院《いん》（養老院・孤児院にあたる）・施薬院（病人の治療・投薬・保護）を設けました。そして、法華寺の他、新薬師寺を建て、興福寺の建立にも尽力しています。皇后が東大寺に納めた聖武天皇ゆかりの遺愛品は、正倉院宝物として現代に伝わっています。

　本尊の十一面観音立像は、蓮の葉と華による光背がユニークで、「一木造翻《ほん》波《ば》式《しき》衣《え》文《もん》」を用いています。十一面観音は、その名の通り、頭部に十一の小さな面相があり、あらゆる方角に顔を向けて、人々を救いとることを表しています。

　頭頂には如来の相が一つ、正面には慈悲深い菩薩の相が三つ、向かって右には怒りの相が三つ、左には菩薩の表情ながら牙を突き上げた、狗《く》牙《げ》上《じょう》出《しゅつ》の相が三つ、真後ろには暴《ぼう》悪《あく》大《だい》笑《しょう》の相があります。真正面の化《け》仏《ぶつ》一つは数えません。

　法華寺の十一面観音さまは、頭部の小さな面がすべてはっきりと表され、左側には牙歯までが白く光っています。左手には一輪の蓮華を挿した華瓶を持っています。

岩手県

桂泉観音《けいせんかんのん》・薬師如来

――天台寺《てんだいじ》

端麗で優しく、威厳ある表情。一木彫《いちぼくぼり》の桂泉観音像に呼ばれて山寺の復興にこの身を捧げた。

桂泉観音の導きで寺の復興へ

昭和六十二（一九八七）年、私は思いがけず、岩手県と青森県の境にある天台寺に晋《しん》山《ざん》することになった。

その寺は、聖武天皇の時代、僧行基《ぎょうき》[1]によって開かれたと伝えられていた。名の通り天台宗の寺である。名前のものものしさから見ても、その寺が名刹《めいさつ》として崇められていたことが想像できる。ところが明治の廃仏毀釈《はいぶつきしゃく》[2]の難を受け、この寺も衰微《すいび》の一途をたどっていた。そのうえ、昭和二十八（一九五三）年に寺の建っている山の、年輪千年もの杉の霊木を千二百本も切り倒して売りさばいたという不祥事を起こし、いや増して寺は荒廃した。

私が住職の居つかないこの寺へ招かれたのは、仏縁としか言いようもない。私の師僧である今東光《こんとうこう》[3]大僧正が、岩手県中尊寺の貫首《かんす》となっていかれた後、その寺の末寺に当る天台寺の、あまりの荒廃ぶりに心を傷められ、この寺の復興をめざし兼務住職として昭和五十一（一九七六）年に晋山された。しかし、晋山されて一年五カ月後に、今師はお

本堂は内部に大型の厨子を持つ江戸時代前期の本格的な寺院建築。

亡くなりになった。

私がこの寺の住職を引き受けた心の中には、亡き師の遺志を継ぐという気持ちもあったのだ。

ところがはじめて天台寺へ訪れた私は、聞きしにまさる天台寺の荒廃ぶりに圧倒され、だだっ広いだけで、石段も敷石もぼろぼろの寺に茫然と立ちつくした。

本堂は埃だらけ、蜘蛛の巣だらけという寺の復興など、どこから手をつけていいかわからない。逃げ出したくなったが、その瞬間、私の全身は何とも言いようのない霊気のようなものに包まれて、体中に清冽な水が走り抜けたように思った。山道のほうぼうや、境内のあちこちに、切り倒された杉の大木が痛々しい傷口をむきだしにして風雪にさらされている。にもかかわらず、この山に満ち満ちたすがすがしい霊気は、何としたものか。私はその時、この山そのものに、聖霊が今も宿りつづけていることを全身で感得した。

人口約五千人のこの浄法寺町《じょうぼうじまち》の人々は、この山に固有名詞をつけていない。「御山《おんやま》」と敬い呼び習わしている。

古代の人々は自然を畏敬し、空高く聳《そび》える山には聖霊が宿ると信じ、仰ぎ尊んだのだろう。大和の三輪《みわ》神社のように、三輪山そのものが御神体となっているものもある。そうして里の人々から仰ぎ拝された御山には、杉のほかに、桂の樹が特に多かった。桂の樹の根かたには、必ず清水が湧く。こうした神聖な山を、修験道《しゅげんどう》の山伏たちは、好んで修行の場としたのだろう。多くの修験道の僧たちの祈りによって、山はますます、その霊気を高めていく。

私は全身に山の霊気を浴びつづけ、その時早くも、この山と自分が結びつけられたことを悟った。その感じは御本尊の桂泉《けいせん》観音と呼ばれている聖観音立像《しょうかんのんりゅうぞう》を拝していっそう強められた。桂の一木彫《いちぼくぼり》の等身大の観音像は「なた彫り」という、模様彫りを全身にほ

聖観音立像（桂泉観世音）は、なた彫り、平安時代の作と推定。像高118.2cm。奥が十一面観音立像。

どこされていた。

実際になたで彫り起こしたのではなく、デザインとして無数の横線を彫ったもので、なたで彫り起こしたものよりは、優美であった。これより少し長身の十一面観音像と並んでいたが、二体とも端麗で優しく、威厳のある表情をたたえていた。私は自然に、その尊像の前にひれ伏していた。このみ仏が私をお呼び寄せになったのだと思った。

この二体は、国の重要文化財に指定され、本堂の厨子《ずし》の中から出て、背後の収蔵庫に収められている。

この他に、天台寺には、木造の仏像たちが思いのほかに多い。それらは傷みもはなはだしく、薬師如来のお顔もあちこちが欠けて、胴体も割れているのに、まん丸なお顔、ふっくらとしたお腹は失礼ながら食いしん坊の子どものようで、何とも愛らしく、亡くなった私の母の面影を見るようだった。

庫裡《くり》も荒廃がひどく、化物屋敷のように見えた。私はその年の五月五日に晋山して以来十年間、毎月この山に通いつづけた。一月から三月までは雪に埋もれてしまうが、それ以外の月は、毎月一回、私はここで法話の会を開いた。

驚いたことにこの法話に全国津々浦々から人々が群れをなして集まってくれるようになったのである。境内にござを敷き、二千人、三千人と集まる人々に坐ってもらう、文字通りの青空説法である。

一挙に参拝者が増えて、天台寺は信じられないようなめざましい復興をとげた。自分で言うのもおこがましいが、こんなめざましい復興を十年という短期間にとげた寺があるのを、私は知らない。ひとえに御本尊の偉大な霊力のたまものであろう。

雨の漏っていた大屋根も葺《ふ》き直した。杉の大木をごろごろ転がして運んだため、すっかり傷んでしまった参道を、登りやすいように、昔の形に復元して直した。火災予防道路もつけた。馬道も復元した。庫裡も住めるように直した。

京都から紫陽花《あじさい》の苗千本を運び、更に増やして、今では二千本の紫陽花の花が咲き満ちるようになった。桜もしゃくなげも、つつじも植えた。無惨に老杉を切り倒された寺は、そうして花の寺になった。

年々増えつづける参拝者を見て、町も、県も、国まで捨てておけないと思ったのか、行政が進んで寺の周辺の改修に力を貸してくれるようになった。

厨子前に座す薬師如来坐像。薬師如来は通説で菩薩形ゆえに諸説ある像高約250cm。

ぼろぼろの橋は、東北一のデザインを誇る橋に架け替わり、道路も広く改修され、列をつくってくる観光バスを迎えるようになった。盛岡から八戸まで高速道路が通り、浄法寺というインターが設けられ、天台寺に車が直行できるようになった。

私は、これらの息を継ぐ閑《いとま》もない復興に追い立てられ、病気をする閑もなかった。

甦った寺に花咲き誇り人集う

十年間、私は無報酬で働きつづけた。それが、私を呼ばれた桂泉観音に対する報謝であり、布施であると信じたからである。むしろ私財をつぎ込みつづけてきた。本堂も仁王門も新しく国の重要文化財に指定された。

日本の寺々は、神によって護られる。比叡山延暦寺が、山麓の日枝《ひえ》神社に護られているように。天台寺も月山《がっさん》神社が最高峰に建って護ってくれていたが、私が晋山した時は、見るも無惨に屋根ごと地に落ち、つぶれたままだった。その神社も昔通りに新築となった。またこの天台寺には、南朝の長慶《ちょうけい》天皇[4]の御墓と伝えられている墓所がある。宮内庁の管轄する御陵は京都嵯峨にあるが、この天皇は大正十一年まで、天皇として認められていなかったような方なので、嵯峨の御陵は昭和十九年に造られたものである。

　南朝とは足利幕府と戦いつづけた吉野朝のことで、後醍醐天皇が一代、後村上天皇、長慶天皇とつづいた。長慶天皇は文武両道に優れ、『源氏物語』に関して、日本ではじめての辞書「仙《せん》源《げん》抄《しょう》」[5]をつくられている。勇邁で、決して幕府の懐柔策に従わなかったため、圧迫がひどくなり、吉野から脱出し、海路をとって東北に逃れたのだった。

　そこでも追われつづけ、最後に、青森から山越えに天台寺に入られたと伝えられている。天台寺で崩御されたので、里の人々はこの悲運の天皇に同情を寄せ、六百年の間、天皇を偲びつづけ、冥福を祈ってきた。毎年、五月五日と、十月五日の例大祭には御神輿を出して、境内を練り歩く。二十八軒しかない檀家の人々が、これをかつぎ、長老たちは紋付袴の礼装で、額には喪のしるしの三角の白い紙をつける。ワッショイワッショイとかつぐのではなく、いとも静かに粛々と練り歩くのである。これは天皇の葬列をそのまま伝えた型であろう。その間、住職は本堂で阿弥陀経をあげつづけるのである。

　この春の大祭には、今では一万人もの参拝者がある。私は、春の大祭に釈迦誕生を祝う花まつりを加えた。四月八日がその日だとなっているが、東北の花は五月にいっせい

1997年、晋山10周年を記念しての春の大祭には多くの人が集まった。

に咲くから、一月遅らせた。

御神輿が出るような天台寺は、昔から神仏混《しんぶつこん》淆《こう》の寺なので、参拝者は柏手《かしわで》を打つし、御神酒《おみき》を仏前に奉納する。何がよくてこんなに人が集まってくれるか不思議な気もするが、北は北海道、南は沖縄からも、また諸外国から外国人まで来てくれる。みちのくの田園風景と、美しい安比川《あっぴがわ》や、清らかな空気が、都会の空気と生活に疲れた人々に、安らぎを与えるのだろうか。

この町は昔から漆の生産で名高かった。おそらく天台寺にたどりついた帰化僧が、その栽培と塗りの技法を伝えたのではないだろうか。浄法寺塗りという漆器類は、素朴さと堅牢さで全国的にファンが多い。これに派手な金塗りのデザインが加わったのが、有名な秀衡塗《ひでひらぬ》りとなっている。

町の人々は、この浄法寺塗りの器を「御器《ごき》」と呼ぶ。天台寺の僧たちの食器として最初に用いられたからだろう。

京都金閣寺が改修された時、金箔の下塗りに使用された漆の七割ほどは、浄法寺産であった。ただし、生産量が少なく、外来の漆に押されている。

天台寺の本堂の自慢の厨子は、もちろん昔から、名物の漆塗りである。この扉に無数の白い蚊絣《かがすり》のような傷跡がついているのは、天台寺が江戸時代、奥州糠部《ぬかのぶ》三十三観音霊場の三十三番、納めの札所として全盛だった頃、参拝者の投げた賽銭の傷跡である。

平成の中興をとげた天台寺は、今後も栄えていくことだろう。

今では葉煙草の栽培が、町の最大の生産になっている。煙草の葉や花も、都会からくる参拝者は珍しがる。

【1】行基：668〜749年。朝廷の禁を破り、民衆に布教活動。数多くの寺院を設置し、後に東大寺大仏建立の実質的な責任者となる。

【2】廃仏毀釈：幕末から戦中にかけての仏教排斥運動。明治政府の神仏分離令（1868年）を契機に各地で仏像、経文などが破棄された。

【3】今東光：1898〜1977年。天台宗僧侶、作家、参議院議員。『お吟さま』で第36回直木賞受賞。豪快な性格で「昭和の怪人」とも呼ばれた。

【4】長慶天皇：1343〜1394年。南北朝時代の第98代天皇にして南朝の第3代天皇（在位：1368〜1383年）。

【5】仙源抄：1381年、長慶天皇の作とされる『源氏物語』の注釈書。『源氏物語』の約1000の語句について「いろは順」に説明。

安比川はスキー場で有名な安比高原を流れる。渓流釣りでも人気だ。

天台寺
岩手県二戸市浄法寺町御山久保33　☎0195-38-2500　拝観時間9:00〜17:00(11〜3月は〜16:00)　拝観料300円（文化財保護協力金として）JR・IGRいわて銀河鉄道二戸駅よりJRバス浄法寺方面行きで30分、「天台寺」下車徒歩25分　◎現在、本堂（観音堂）と仁王門は保存修理工事中。参拝は仮本堂にて可。完成は平成31（2019）年度中予定。7月にはあじさい祭りを開催。
HP http://www.tendaiji.or.jp/

仏縁コラム

自然の厳しさの中で育まれた東北の信仰

天台寺は、平泉・中尊寺より百年以上も早く八世紀半ばに開かれました。

東北地方の信仰は、西国（西日本）とは異なる自然環境の雄大さ豊かさ、そして過酷さを外しては考えられません。天台寺の山門にて、細身で重心を傾けた仁王さまを拝んだだけでも、ここが雅やかな都とは　別世界であるとわかるでしょう。

山そのものを神として信仰する山岳信仰が色濃く、東北の仏像の特徴として、霊木《れいぼく》そのものの力を信じた「一木造」、金箔・漆箔などない木目を尊ぶ「素地仕上げ」があります。「なた彫り」では、さらに木の質感が強調されます。表情豊かで生命感みなぎる作風が目立ち、平安時代造立のものも多く残されています。

東北での仏教の広がりは、行基が多くの寺院を開いたという伝説があります。さらに、奈良仏教の学僧・徳一《とくいつ》が、東国へ移住して布教し、五十以上もの寺を開きました。

そして、慈覚大師円仁《じかくだいしえんにん》は中尊寺（岩手県）、瑞《ずい》巌寺《がんじ》（宮城県）、立石寺《りっしゃくじ》（山形県）などの名刹を多く開いたと伝えられています。天台寺も、行基によって開かれ、円仁が再興しました。

観音さまは、三十三の身に姿を変えて人々を救うことから、三十三所《さんじゅうさんしょ》巡礼が各地で行われてきました。天台寺は「糠部《ぬかのぶ》三十三観音」（岩手北部・青森南部）・「奥州三十三観音」（岩手・宮城・福島）両霊場の納めの札所です。機会がありましたら是非巡ってみてください。

京都府

薬師如来・九体阿弥陀《くたいあみだ》・吉祥天《きっしょうてん》——浄瑠璃寺《じょうるりじ》

阿弥陀三尊磨崖仏《まがいぶつ》——岩船寺《がんせんじ》

京のはずれの山里に在《お》わす憧れの吉祥天女像に涙を流す。
山径《やまみち》や野径《のみち》の磨崖仏たちもなつかしい。

憧れの吉祥天女に会いにいく

まだ私が有髪《うはつ》だった頃、ある秋の晴れた日にはじめて浄瑠璃寺《じょうるりじ》へお詣りした。その時、私は和服にエナメルの草履《ぞうり》ばきで、何と東大寺の前から浄瑠璃寺まで歩いて行ったのであった。

遠い道を歩き通し、ようやく蔦《つた》のからんだ低い土塀が見えてきて、道からすぐ、浄瑠璃寺の山門があらわれてきた。山門と呼ぶのもふさわしくない、親しみやすいなだらかな門は普通の民家の門といってもいいようだ。ほっとすると、あらためて、夢中で歩いてきたあたりの風景をふりかえってみた。

のどかな田園は昔ながらの日本の田舎の姿で、藁葺《わらぶ》きの家もあちこちに残っていて、家々にはどこにも柿の大きな木があり、赤い実をたわわにつけていた。畠には人の姿も見えず、あたりの空気は陽にぬくめられ、白金色に輝いているように見えた。

門をくぐると、思わず声を発していた。すぐ目の前に、広い池がひろがり、池のある空間を取り囲む三方の山々がまさに錦繍《きんしゅう》の紅葉の色で燃えさかっていたのである。その

浄瑠璃寺の山門から一歩入ると梵字の阿字をかたどった宝池が現れる。

鮮やかな色は、池の中にも沈み、池まで燃えているようであった。

池の左の畔には、石段の上に三重塔が建っていて、その塔も紅葉の屏風で囲まれていた。その対岸には、横長の阿弥陀堂がなだらかな屋根の重みを支えて横たわっている。

その背後は、常磐木の多い山の屏風で囲まれている。何と言う見事な自然の配置を選んで造られた寺であろう。

この三方をあまり高くないやさしい山で囲まれた空間を発見し、そこに寺を建て、み仏たちの家居にしようと考えた創建者は、おそらく、あらゆる贅沢を極め尽くした粋人だったのではないだろうか。

この寺が建てられた十一世紀のはじめといえば藤原道長《ふじわらのみちなが》[1]が栄華を極めた時代で、紫式部が『源氏物語』を書いた時である。世は末法《まっぽう》思想[2]が広がり、栄華を極めた貴族たちでさえ、死後の自分が受ける罰苦を恐れ、極楽浄土へ往生することを願った。その頃、浄土信仰と共に阿弥陀仏への帰依者が多くなっていた。あらゆるこの世の権力と快楽を手に入れた道長でさえ、寺を建て、阿弥陀仏を祀り、死ぬ時は阿弥陀仏のみ手にかけた五色の糸を病床の自分の指に結びつけて、み仏によって極楽浄土に導かれることを祈っている。

　華やかな紅葉の山に囲まれながら、この寺の空間は何という静寂が満ちていることだろう。目を凝らすと、池の中には、塔も背後の山も影を落として沈んでいる。池畔の庭は白く掃き清められている。池には小さな中の島がある。池は地面の窪地にいつの間にか水がたまったというような自然な感じで、池の周囲にものものしい石組などがひとつもないのがなつかしい。

　庫裡《くり》で当時の老御住職に御挨拶すると、好々爺《こうこうや》然とした洒脱《しゃだつ》な佐伯快龍《さえきかいりゅう》[3]御住職は気さくに招じ入れて、御自身で美味しいお茶をいれてくださった。私が岡本かの子[4]の伝記小

三重塔の本尊で秘仏とされる薬師如来坐像。重要文化財。浄瑠璃寺のもとの本尊。平安時代。像高864cm。

ほか8体は像高139〜145cm。

説『かの子撩乱《りょうらん》』を連載中で、夫の岡本一平が、かの子の像として描いた浄瑠璃寺の吉祥天女を拝ませていただきたくてお詣りしたというと、にこにこして、岡本一平が訪ねてきた時の思い出話など聞かせて下さった。御住職の案内で三重塔を開けていただき、御本尊薬師如来を拝む。仏教には三世《さんぜ》の思想があり、無限の過去世《かこぜ》と、無限の来世《らいせ》と、わずか百年たらずの現世《げんせ》があると考える。

来世が西方にある極楽浄土であり、そこには阿弥陀仏がいらっしゃる。過去世は、浄瑠璃界と名づけら

九体阿弥陀如来像。国宝。平安時代。檜材寄木造。中尊は像高222cm。

れ、東方にあり、そこには薬師如来が在《お》わしますと考える。

死んで往く極楽浄土について人々はよく聞かされ、考えもするが、自分がかつて住み、そこからこの世に来たという過去世については、あまり思いを及ぼさない。けれどもどこから来て、どこへ行くのか定かでない人間の私たちが、かつて住んでいた場所が、瑠璃の珠《たま》のように澄明清《ちょうめいせい》浄《じょう》な世界だったと考えるのは、何とありがたく嬉しい想像だろう。

そこにいらっしゃる薬師如来は、人間の心身の業苦《ごうく》をすべて救って下さる抜苦救済《ばつくきゅうさい》の仏さまである。左掌に薬壺を持っていらっしゃるのも、そのしるしである。清楚な、慈悲にみちた温容の薬師仏を拝んで、心がしみじみ落着いた。

塔の壁面には、目を凝らさなければわからないほど落剝した十六羅漢《らかん》の像が描かれていた。

池畔を廻って阿弥陀堂へ行く。九体の仏のために九つの扉がある。中には白壁に黒塗りの柱や梁《はり》、今の言葉では民芸的な感じの簡素な空間の中に、これはまた見事な九体の金色の阿弥陀仏が壮観に居並んでいらっしゃる。中央の仏が特に大きいだけで、あと八体はやや小さく、表情は少しずつ違う。仏といえども、われわれ凡下《ぼんげ》の人間のように、表情の差があるのがなつかしい。

最後に、憧れの吉祥天女像のお厨子の扉を開けていただく。思わず息を呑んで肩をひいてしまった。

天女は仏ではない。女神である。インドのヒンズー教の神で、毘沙門天《びしゃもんてん》の后《きさき》とされる。母は人の子を食った鬼子母《きしも》（訶梨帝母《かりていも》）で、美女神の中でも吉祥天は最も美しく魅力的である。その中でも格別に、この寺の吉祥天は美しさで知られている。吉祥天のコンテ

厨子入吉祥天立像。重要文化財。鎌倉時代。檜材木造。像高90cm。厨子に描かれた仏画も貴重。

ストがあればグランプリ確実であろう。吉祥天は五穀豊穣《ごこくほうじょう》を祈る女神で、その祈りには性愛がついて廻る。愛の女神といってもいい。ここの吉祥天は、豊満なセクシーな感じではなく、むっちりとした色白の豊麗さではあるけれど、まだ無垢《むく》な、少女のような清らかな初々しさもたたえている。

この天女に憧れ、はるばる三時間も歩き通してきた甲斐があったと、私は瞼に涙のふくれ上がる思いであった。

一平が、かの子の像としてこの天女をモデルに描いたのは何という厚かましさかと思うし、かの子とは似ても似つかぬ美形だと思ったけれど、その後、土門拳《どもんけん》[5]氏が、この女神を真下からレンズを向け写した写真を見た時、はじめて私は、かの子イコール吉祥天の意味がわかった。さすが一平だと恐れ入った。たくましい顎に女の野性と生命力がみなぎっていた。

「春と秋の彼岸の中日には、三重塔の真上から陽が昇り、九体仏の阿弥陀堂の真ん中の屋根の彼方に陽が沈みます」

と語ってくれた老住職の声は、はるかな過去未来の浄土から聞こえてくるようだっ

岩船寺本堂と阿字池。この寺の紫陽花は梅雨を彩る風物詩。

た。

それから何年かして、私はひとり、また浄瑠璃寺と岩船寺《がんせんじ》へ詣った。岩船寺は、浄瑠璃寺から山間の道を一時間余り歩いてたどりつく。その道がちょうどいいハイキングコースである。

山里に見え隠れする磨崖仏たち

今度はわざと新緑の頃を選んだので、山径《やまみち》も野径《のみち》も新緑の香でむせかえり、木々の葉はさまざまな翡翠《ひすい》色を競い合い、紅葉の頃に劣らない、心のしびれるような風景であった。身も心も新緑にあらわれたように道をすすむと、路傍や、山径のかげに、次々に磨崖仏《まがいぶつ》があらわれるのだった。阿弥陀、地蔵、観音、不動等々、どの仏も歳月の風雨にあらわれ、鑿《のみ》の線が柔らかくなり、表情もおぼろになったり、やさしく和んだりしている。

私は出家以来、木の仏と石の仏を彫り、土の仏を焼いたりもしているが、石仏は、難しそうで一番彫るのに易しいのである。石というのは案外柔らかくて、こちらの心を、木や土より、察してくれ、なじんでくれることを実感した。

インドの名もない村で、天を突くような大きな磨崖仏に出逢ったことがあるが、とても足場など造れそうもないあの高さで、人はどうやって彫ったのか不思議でならなかった。たぶん夜な夜な、神仏がこっそりあらわれて、ひそかに彫りあげたのではないかと空想したものだ。

日本の磨崖仏は、大きいといっても、何とか足場の組めそうな大きさである。それでも一歩、踏み外せば、深い川に落ち、即死しそうな場所もある。岩船寺の近くの磨崖仏は、みんな適当な大きさで、それだけになつかしい。最初は岩船寺で彫らせたらしいが、それを見て、後世にも彫りつぐ人たちが生まれたのだろう。

何となく豊かな感じのする当尾《とおの》の里を過ぎると岩船寺の山門にたどりつく。山門をく

岩船阿弥陀三尊磨崖仏（わらい仏）。観音・勢至菩薩を従えた阿弥陀仏。鎌倉時代。石大工の伊末行《いのすえゆき》作。

ぐると、真直ぐ向うに三重塔が聳えている。右手には庫裡と本堂が、左手に十三重の石塔がある。聖武天皇発願、僧行基建立という寺伝がある。

その後、戦火で焼かれ、何度も再建された。御本尊阿弥陀如来は重要文化財である。昔は三十九カ坊も持っていた大名刹《めいさつ》だったというが、今は実に簡素でつつましい寺である。それでも、寺の庭や山の斜面に植えられた紫陽花《あじさい》の花が、早くも咲きはじめ、灯りをともしたように寺を照らしている。京の果てにあるつつましい岩船寺も浄瑠璃寺も私には魅力があり、その後は度々足を運ばずにはいられない。

【1】藤原道長：966～1028年。平安時代中期の公卿。左大臣として権力を掌握、後一条天皇の摂政となり、摂関政治を極めた。

【2】末法思想：釈迦の正しい教えが世で行われ、修行して悟る人がいる時代（正法）を過ぎて、教えが行われ修行をしても悟る人がいない時代（像法）が来て、その次は教えさえもまったく行われない最悪の時代（末法）が来るという考え方。日本では貴族の摂関政治が衰え、武士が台頭してきた時期に、より意識されるようになった。

【3】佐伯快龍：御住職は快龍師の御子息佐伯快勝《かいしょう》師が継がれた。さらに現在は快勝師の御子息の佐伯功勝《こうしょう》師が御住職となられている。

【4】岡本かの子：1889～1939年。小説家、歌人、仏教研究家。夫は漫画家の岡本一平。長男は芸術家の岡本太郎。瀬戸内晴美著『かの子撩乱』（'65年）は、かの子の生涯を余すところなく描いた評伝。

【5】土門拳：1909～90年。報道写真、人物写真から仏像を始めとする伝統文化財の撮影で活躍。戦後日本を代表する写真家。

浄瑠璃寺

京都府木津川市加茂町西小札場40　☎0774-76-2390
拝観時間9:00～17:00（12月～2月は10:00～16:00）拝観料300円（2017年4月1日より、400円）JR奈良駅・近鉄奈良駅から奈良交通バス急行浄瑠璃寺行きで約25分、「浄瑠璃寺前」下車徒歩3分。◎三重塔開扉は、毎月8日と彼岸の中日ほか（但し好天に限る）。吉祥天立像開扉は、正月と春秋の年３回。日程は問合せを。HP木津川市観光協会　http://0774.or.jp/

岩船寺

京都府木津川市加茂町岩船上ノ門43　☎0774-76-3990
拝観時間8:30～17:00（12～2月は9:00～16:00）拝観料400円 JR大和路線加茂駅から木津川市コミュニティバス当尾線で約15分、「岩船寺」下車すぐ。JR奈良駅・近鉄奈良駅から奈良交通バス「岩船寺口」下車、徒歩25分。◎岩船寺は「アジサイ寺」と呼ばれる名所。岩船寺と浄瑠璃寺の間の坂で摩崖仏などの石仏が見られる。
HP木津川市観光協会　http://0774.or.jp/

仏縁コラム

都から離れた清らかな山里で極楽浄土を想う

浄瑠璃寺の名は、薬師仏の東方浄瑠璃世界を示しています。瑠璃とはエメラルドなどの宝石のことで、そこは七宝に彩られた美しい世界。お薬師さまは病の苦しみを除き安楽を与える仏です。浄瑠璃節も、薬師仏の霊験譚《れいげんたん》が由来です。

また、通称の九体寺という名の通り、九つの阿弥陀さまが一つのお堂に祀られています。なぜかというと、阿弥陀仏の西方浄土に生まれる際には、その人の積んだ功徳による九つの違い（九品《くほん》）があるため。そして、九体揃っているのは誰でも漏らさず救いとるからです。

東の薬師と西の阿弥陀。一緒に祀られているのは不思議に思われるかもしれません。しかし平安時代には、陽が上ってくる東の薬師さまが、陽の沈む西の阿弥陀さまの極楽浄土へと導いてくれると信じられていました。

岩船寺には本当に岩船があります。門前に置かれている、僧侶が身を清めたという石風呂のことです。本尊の阿弥陀さまは丈六の一木造。丈六とは一丈六尺＝4・85ｍで仏像の大きさの理想とされ、阿弥陀さまが私たちの前に現れるお姿です。

浄瑠璃寺・岩船寺のある当尾《とおの》の里は、京都の南端にあり奈良に接しています。奈良の大寺の影響を受けながらも、都の喧騒を逃れた聖たちがいくつもの庵を結び、修行に励んでいました。

石仏たちは、子院や塔頭《たっちゅう》（寺院の中の個別の坊）の本尊であったともいわれています。聖域として今も清らかな空間を保っています。

滋賀県

十一面観音——石道寺《しゃくどうじ》
十一面観音——己高閣《ここうかく》
千手観音《せんじゅかんのん》——黒田観音寺《くろだかんのんじ》

琵琶湖の畔《ほとり》を北に向かえば、人心温かきなつかしい町々。
「湖北観音径《みち》」にあでやかな観音像を訪ね歩く。

あでやかな観音さまに出会う旅

琵琶湖はいつの季節も、それぞれの表情をたたえて美しい。湖畔の町々は時代と共に近代化して、道も便利になっているが、今でも太古の人々の足跡や、旅人の旅愁や喜びを、土の底に秘めつづけているような、なつかしさを感じさせてくれる。

殊に、湖北のおだやかな道や小さなひっそりとした町が好きである。この湖北の道には古くから観音が祀られているので、誰呼ぶともなく「湖北《こほく》観音《かんのん》径《みち》」と呼び習わされるようになった。

湖北には無住《むじゅう》の寺が多い。無住とは、住職のいない寺で、寺の管理は、その聚落《しゅうらく》の人々が寄り合いでしている。ささやかな寺は当番制で、その年の当番が責任をもって鍵を預り、たまさか訪れる参拝者の応対をする。当番は鍵を預っているだけで、扉はいつも閉められている。そんな中にはっとするようなあでやかな観音さまが在《お》わします。

私はまず木之本[1]の町へ向う。木之本は名の響きからもなつかしいが、時間に取り残されたような古風さと、のどかさの漂う町である。いつ訪れてもひっそりとして、道路に

石道寺の本尊、十一面観音立像。重要文化財。平安時代中期。ケヤキ材一木造の唇に残る紅一筋。像高173cm。

人影も見えず、季節の花々が家々の庭先に揺れている。立葵《たちあおい》や紫陽花《あじさい》や白い木槿《むくげ》の花が、暑い陽ざしの中で人の瞳のように迎え、見守ってくれる。

木之本石道《しゃくどう》の聚落に入ると、あたりは樹々の緑がひとしお濃くなって、陽ざしは暑いのに、何か空気が清涼になったように思う。

藁葺きの屋根がまだあちこちに残っているこのあたりは、世間の喧騒から取り残された桃源郷のような感じがする。ここに来ても、およそ人影に逢わない。己高山《こだかみやま》の麓にあたるこのあたりは径がゆるやかな登り坂になっていて、夏草におおわれたあたりの丘陵の下に、川の流れが沈んでいる。道端に合歓《ねむ》の木が多く、見上げるような大木の枝いっぱいに、緑のレースのような繊細な葉が広がり、その中に、淡い薄紅の合歓の花が、はかなげに群れ咲いていた。

その向うの小高い山陰に、なつかしい石道寺《しゃくどうじ》の屋根が見える。そこへ辿りつくまでの道にも崖にも、紫陽花がまだいっぱいに咲き残っている。京の嵯峨ではもう終った花なのに、ここらあたりは気温が低いのだろうか。

石道寺はささやかという言葉がふさわしいお寺だけれど、私はどこよりも先にここへ

石道寺の十一面観音をスケッチ。ディテールをつかむのはお手のもの。

寄りたかったのは、ここの観音さまがはじめて拝んだ時から大好きになってしまったからであった。

観音堂は平安朝のような蔀戸《しとみど》[2]が降りている。当番の村の女の人が二人、お堂につづいた小さな庫裡兼、事務所のようなところに坐っていた。私の姿を見かけると、すぐ気軽に観音堂に来て、二人がかりで蔀戸を上に上げてくれた。『源氏物語』のように蔀戸を上げたり下ろしたりするのが、十二単の美しい女房ではなく、洋服姿の現代の中年女性が、力一杯押上げてくれても、やはりそれは一種の雅《みや》びやかな風情があった。

勝手知った私は、挨拶もそこそこに、すぐさまお堂の中に入る。あまり広くないお堂の中には、中央奥に厨子があって、その中に十一面観音さまが立っていらっしゃる。それはいかにも初々しい可愛らしいお顔をした観音さまで、このお堂のように親しみ易く、なつかしいのであった。すんなりと下した右腕もふくよかで、水瓶《すいびょう》を持たれた左手の指もふっくらとして、まるで指の根に可愛らしい笑くぼが浮かんでいるような感じがする。無造作に立たれたお姿も乙女らしく清楚ですがすがしい。お顔がどことなくあどけなくて可愛らしい。

かんのんの 頬あどけなく 百合匂ふ　寂聴

私はいつでもこの観音さまにお逢いするたび、女人高野室生寺《にょにんこうやむろうじ》[3]の観音さまの、頬のふくよかな、唇をぷっと子どものようにふくらませた野性的なお顔を思い重ねてしまうのであった。十世紀末か十一世紀初頭の作とされているこの観音さまの誕生は、まさしく『源氏物語』の生まれた時代である。王朝の物語の女たちはみんな若くて短命だった。十二、三から二十代までに、現代の女たち一生分の恋の悲しみや喜びを味わい尽くした。

石道寺の観音さまのあどけない顔を見上げていると、千年前の王朝の美女がふっと口

己高閣に安置される鶏足寺本尊の十一面観音立像。重要文化財。平安時代中期。檜材一木造、彩色。173cm。

黒田観音寺のあるあたりは、秀吉の軍師黒田勘兵衛の先祖の出身地と伝えられている。

をきそうに思えてくる。すべてが薄《うす》れ落ちた色彩の中で可憐な唇だけに朱が残っているのが、妙にこのみ仏にいのちが通っているような錯覚を呼ぶ。頭上にいただく化《け》仏《ぶつ》の重みをまぎらわすように、両耳の上に美しい大きな簪《かんざし》をさしているのがいっそうあどけなく見える。

そこから山沿いの道を登って鶏足寺《けいそくじ》[4]の己高閣《ここうかく》に行く。このお寺はもとは己高山の山頂にあったのが、ある冬、焼失して、現在は廃寺となった。昭和三十八（一九六三）年、

黒田観音寺の千手観音（准胝観音）立像。重要文化財。平安時代中期。檜材一木造。像高199cm。

山の中腹に己高閣という立派な収蔵庫が建てられ、焼失をまぬがれた仏さまたちをお移ししたといういわくつきのものである。

私は仏像も、滅びる日があっても不思議ではないと思う。諸行無常、万物流転、形あるものはすべて滅びる。この世のことはすべて無常というのが、仏教の根本思想なのだから、木で作った仏像がいつしか朽ちはて、石で作った仏像が風雪に目鼻を失っても、むしろそれが当然だと思うのだ。

時の移ろいを越えて佇む観音像

仏さまにどんな名工が祈りをこめて彫ったところで、それは仏の形をなぞったものにすぎない。それを人々が祈りつづけることによって、木や金や石の仏像に命が宿り、み仏のみ心が脈《みゃく》打ってこられるのではないだろうか。湖北の仏さまの中には、戦火や、明治の廃仏毀釈《はいぶつきしゃく》の時、村人たちがかつぎ出して、土の中に埋めて守り抜いたみ仏もある。それもまた形あるものの不思議な運命であろう。

己高閣の冷暖房設備の整った近代的な収蔵庫に並んだ、火災をまぬがれた見事な仏像群を拝すると、その仏像の運命の強さに、やはり畏敬し、心底から掌を合わせずにはいられない。薬師如来や十二神将、不動明王の中に、ここにも素晴らしい十一面観音立像がある。これも平安時代十世紀後半の作だという。檜《ひのき》の一木彫だ。こちらは重厚な、土着の匂いのする堂々たる観音像である。

帰りは、木之本町黒田の里へ寄る。ここの黒田観音寺も無住である。木之本よりもっと鄙《ひな》びた聚落で、青田がひろがっている。聚落の外れの丘陵地を背にして、寺とは呼べないような小さな観音堂がぽつんと建っている。里の人々が力を合わせて管理していて、鍵を持った素朴な老爺が、首に手拭を捲いた野良姿で出てきてくれた。

扉の中には簡素で大きな厨子があり、中に二メートルもある千手《せんじゅ》観音がいらっしゃる。この観音は檜の一木彫《いちぼくぼり》の素木の像で、九世紀末から十世紀初期の作というから、石道寺の観音よりやや旧い。

この千手のたくましさにはいつでも圧倒される。腕のたくましさからすれば全身は細身に見えるが、お顔は、千手の生々しいくねりを見せているエネルギーの源のように、いきいきとして、眦《まなじり》をきっと上げている。

長年秘仏とされていたという神秘さが、全身からまだ濃く重く漂っていて、見下ろされている瞳は妖しくてきびしい。密教色の濃いこの観音は、いかにも強い呪力を持っていらっしゃるように拝される。私は自然にその足許にひれ伏し、五体投地《ごたいとうち》[5]の礼をとる。

ひたすらに観音の径合歓の花　寂聴

背後からふいに青嵐《あをあらし》が吹きつけてくる。ふっと観音さまの瞼がまばたいたような気がして、ぎょっとなる。当番の老爺は、まるで眠ってでもいるかのようにもの静かに、ただこの墨染めの女巡礼の祈りが、早く終わるようにと待っている様子だ。

黒田を出て、余呉湖《よごこ》へ廻る。賤ケ岳《しずがたけ》の麓に、古鏡を沈めたように光っている小さな湖は、いつ訪れてもしみじみとした静謐《せいひつ》をたたえている。いかにも天女が舞い降りて水浴びしたという伝説に、ふさわしい湖の畔を逍遥《しょうよう》しているうちに、空は夕焼けに染まり、湖はそれを映して、私のまわりは足袋の先からしんしんと黄昏がまつわってきた。夕焼けの燃える湖の底から、今日お逢いしてきた観音さまたちの姿が、揃って浮かび上がってくるような幻影を見たと思った。

[1]木之本：古くから交通の要衝・宿場町として栄え、伊香郡の中心地だった木之本町は、２０１０年１月１日、東浅井郡と伊香郡の他全５町とともに長浜市へ編入。木之本は旧町名として使われている。

[2]蔀戸：格子組みの裏に板を張った戸。上下二枚からなる。

[3]女人高野室生寺：奈良県宇陀市にある真言宗の山岳寺院。女人禁制だった高野山に対し、女性の参詣が許されていたので「女人高野」の別名がある。

[4]鶏足寺：７２４年に行基によって創建されたが一度荒廃し、後に７９９年に最澄が天台宗の寺院として再興する。しかし再び衰退し、最後に残った本堂も焼失。伝来した仏像や仏画は己高閣、世代閣に安置された。現在の鶏足寺は、もともとは鶏足寺の別院で、かつては飯福寺と呼ばれていた。秋には参道が紅葉の絨毯となり、多くの観光客で賑わう。

[5]五体投地：五体すなわち両手・両膝・額を地面に投げ伏して、礼拝すること。仏教において最も丁寧な礼拝方法の一つとされる。

石道寺

滋賀県長浜市木之本町石道419　☎0749-82-3730（石道寺納経所）　拝観時間9:00～16:00（月曜休）　拝観料300円　ＪＲ北陸本線木ノ本駅より湖国バスにて12分、「井明神」下車徒歩8分。◎月曜日が祝日の場合は拝観可能。12/30～2月末まで冬期休み。長浜・米原・奥びわ湖観光情報サイトHP http://kitabiwako.jp/

己高閣

滋賀県長浜市木之本町古橋1103　☎0749-82-2784（鶏足寺案内所）　拝観時間9:00～16:00（入館は15:30まで。月曜休、1、2月は積雪のため休館）　拝観料500円（己高閣・世代閣共通）　ＪＲ北陸本線木ノ本駅より湖国バスにて14分、「古橋」下車徒歩5分。

黒田観音寺

滋賀県長浜市木之本町黒田1811　☎0749-82-5909（奥びわ湖観光協会）　拝観時間9:00～16:00（要予約、月曜休、1、2月は休み）拝観料500円　ＪＲ北陸本線木ノ本駅より徒歩25分。◎お堂の中は参拝者が20名ほど坐れる広さがある。

仏縁コラム

自然と人が大切に守ってきた仏像の宝庫

近江は、天台宗三派の本山（延暦《えんりゃく》寺《じ》、三井寺《みいでら》、西教寺《さいきょうじ》）があり、「一村一か寺」といわれるほど寺院が多く、古の仏像を多く伝えている、贅沢な仏像の宝庫です。

琵琶湖を中心に東西南北の四つの地域で分類されますが、湖北は京都と離れているので、最も昔ながらの文化を色濃く残しています。なかでも長浜市は「観音の里」と言われ、多くの観音像が祀られています。

湖北の観音信仰は八世紀に近江の鬼門である北東の「己高山《こだかみやま》」に、行基が観音寺を開いたことから始まります。さらに、泰澄《たいちょう》が十一面観音を祀り、山岳修行の霊地としました。

菩薩は、仏よりも身近な存在です。観音さまは、人々がどのような境遇にあっても、姿を変えて慈悲の救いをもたらします。十一面観音は、特に山や水源の信仰と結びついて祀られました。

観音寺はその後廃れましたが、最澄が復興して鶏足寺となりました。石道寺もその関連寺院の一つです。室町時代になると再び衰え、現在、この地域には小さな寺院や無住の御堂が多くなりました。それでも、人々は古代より戦乱を超えて身近なお寺や仏像を大切に護ってきました。奈良末期の仏像さえも伝えています。

黒田観音寺の千手観音像は、頭上に化仏なく、合掌せず説法印を結び十八本の腕。この特徴から、仏像として希少で、子授け等をもたらす女性の守護仏・准胝《じゅんてい》観音とも目されています。

滋賀県

薬師如来――多田幸寺《ただこうじ》

千手観音――神照寺《じんしょうじ》

天女伝説も聞こえる湖畔の里は「兵どもが夢の跡」。
仏たちが静かに見つめてきた、栄枯盛衰の歴史

古戦場を鎮める美しき仏たち

「みずうみ」はすべてなつかしい。湖のある大地は、どこでも湖国といい、湖畔の里は、さまざまな美しい伝説に飾られている。出口のない水を、気の遠くなるような太古からひっそりとたたえた涯《はて》しない湖の底には、竜宮城のような夢の殿堂に、たおやかな美女が眠りつづけているのかもしれない。あるいは、湖の妖しさに惹かれて身を沈めた人々の白骨が、林のように並んでいるのだろうか。

日本一大きく美しい琵琶湖も、伝説と歴史の興亡の話にこと欠かない。

瀬田の貝塚は七千年前の住居の址《あと》とされているし、天智《てんじ》天皇〔1〕は大津京を造り、聖武天皇は信楽《しがらき》に紫香楽宮《しがらきのみや》を、称徳女帝〔2〕は石山のあたりに保良宮《ほらのみや》を造り、道鏡《どうきょう》〔3〕との愛の巣としている。どの帝も、湖のきらめきと美しさに魅せられたのだろうか。

湖畔の町はまた、「兵《つわもの》どもが夢の跡」であり、すさまじい権力闘争の古戦場でもあった。特に湖北は戦国時代の血なまぐさい合戦の舞台となった。姉川《あねがわ》、小谷《おだに》、賤ヶ岳《しずがたけ》と、古戦場がつづいている。

豊臣秀吉がはじめて城を持ったのも、湖北の長浜であった。こういう血なまぐさい土地だからこそ、仏たちがいらっしゃるのだろうか。

湖北には、もう一つ小さな古鏡のような神秘的なみずうみ、余呉湖《よごこ》がひっそりとかくれている。ここには天女が舞い降り水浴びしたという伝説がある。天女ならずとも、美しいみ仏たちは、永住の地として、この湖畔の里を選ばれるのかもしれない。

いかめしさもなく、静かに佇む多田幸寺の山門。

琵琶湖の畔《ほとり》は実に寺が多く、仏たちが多い。多くは美しい観世音なので、観音径《かんのんみち》とも、仏径《ほとけみち》とも、誰となく呼ばれている。

私が出家する以前に訪れた頃は、国宝や重文の仏たちでも、収蔵庫などという野暮な建物にはいらっしゃらず、小さな御堂の、何の柵もない床にじかに立ったり坐ったりしていられた。手をのばせば届きそうな近さで半日でも終日でも、うっとりと、み仏と向きあっていても誰にもとがめられなかった。

湖北にはまだ、無住《むじゅう》の寺にその土地の里人たちの手で祀られている観音さまもいらっしゃる。私は収蔵庫とはいいながら、こんなに心のこもった品格のある収蔵庫はないというのを、長浜の多田幸寺《ただこうじ》で拝観した。その時の感動が忘れられず、また詣ってみた。

長く天台宗の寺だったが、後に臨済宗の寺になった。当時の中島義観《ぎかん》御住職のお人柄なのか、禅寺らしいいかめしさがなく、いつまでも坐らせていただきたいような和やかな雰囲気のお寺である。私のことを覚えていて下さって、御住職自身で、御本尊薬師如来を祀られた収蔵庫を開けて下さる。本堂の奥に建てられた収蔵庫は、本堂のつづき部屋のような感じで、鍵をあけられると、立派な扉が重々しく開き、その奥は仏間のように荘厳《しょうごん》されていて、中央にでんと、重々しい存在感で薬師如来が在《お》わします。かやの木

多田幸寺の本尊、薬師如来坐像。重要文化財。平安時代前期の彫刻。かや材一木造。像高82cm。

の一木造で、平安朝十世紀作とされている。力強い彫りで、やさしいなかにも威厳に満ちた崇高なお顔は、凡夫《ぼんぶ》の体や心の悩み、痛みをすべて一気に吸いあげて下さるような頼もしいお姿である。

「仏さまは収蔵庫にお入れせず、触れれば仏さまの体温が伝わってくるような祀り方がしたいものです」

前にそうお聞きした御住職のお言葉が思い出される。ゆったり足を組まれた仏さまのお膝の前には、磨きあげた五具足《ごぐそく》[4]が並べられ、生華《せいか》が供えられていた。

いかにも朝夕、このお膝の前で近々とぬかづく御住職の姿が見えるようだった。

生命感みなぎる湖北の観音さま

同じ長浜の新庄寺町《しんじょうてらちょう》の神照寺《じんしょうじ》は、萩の寺として有名だ。この萩は、室町幕府の初代将軍足利尊氏《あしかがたかうじ》[5]が、弟の直義《ただよし》との和議のために訪れた時、植えたと伝えられている。

この寺は日出山《ひのでさん》という山号で、真言宗智山派である、宇多《うだ》天皇の師であった本覚大師《ほんがくだいし》(益信僧正《えきしんそうじょう》)[6]が、勅令によって寛平《かんぴょう》七(八九五)年に創立した。その当時は、七堂伽藍《しちどうがらん》

創建当時の名残を残す広々とした境内に立つ本堂。

が完備していて、寺坊《じぼう》三百を越え、隆盛だったという。今でも広々とした境内は四千五百坪あり、往時の隆盛さをしのぶことができる。

天正《てんしょう》元（一五七三）年、小谷城が落城して、信長の兵士に焼かれたが、後、秀吉が修興につとめて、天正六（一五七八）年、寺領として百六十四石を寄進している。

この本堂厨子内に祀られた神照寺千手観音立像は、重要文化財だが、やはり収蔵庫に入っていない。近々とその前にぬかずいて拝むことができる。

木製の厚い板からの半肉彫りで、光背《こうはい》や台座を薄肉《うすにく》彫《ぼ》りにし、本体は高肉《たかにく》彫《ぼ》りで、金箔がまだところどころ鮮やかに残っている。

像高は五十三・五センチというから、あまり大きくはないが、台座が本体くらいの高さなので堂々としている。

ふっくらしたお顔は端正で、朱の残る部厚い唇が妙に肉感的である。湖北の観音さまは、美しい中にも、どこか親しみが感じられて、人間くさい匂いのするのは、私だけの感想だろうか。光のように本体からのびた、千手の力強さにも、いきいきとした生命感がみなぎって見える。

この寺には、稲荷大明神も祀られていて、これは元伏見稲荷の御本尊だった荼枳尼天《だきに》[7]だという。伏見稲荷を祀っていた愛染寺《あいぜんじ》の第三世天阿《てんな》上人が、神照寺第十一代住職として晋山《しんざん》した時、稲荷大明神の御信託で、ここへ運ばれ、この寺の守護神になったと伝えられている。

この寺には、まだ新しい立派な宝物殿が建っている。この中に収められている華籠《けこ》は、ぜひとも見逃すことはできない。

華籠とは法会《ほうえ》の時、花を盛り、散華《さんげ》の供養をするための仏具である。今では各寺院では、散華に紙のはなびらを使うが、昔は生花を使った。金色のきらびやかな華籠は、今

神照寺の半肉彫千手観音立像。重要文化財。平安時代。木造半肉彫の脇手・光背に一木造の本体をはめる。像高53cm。

でも薄い美しいすかし彫りで、五色の組紐が下がっていて、仏器の中でも華やかなものだが、この神照寺の華籠は、日本で現存する華籠の中では、最高のものとされている。

平安時代のもの五枚と、鎌倉時代のもの十一枚が残っていて、その精巧なすかし彫りの美しさには驚嘆する。

平安時代は芝居も音楽会も娯楽は何もなかったので、寝殿造《しんでんづく》りの南面に造られた池の周りを、美しい法衣《ほうえ》をつけた僧たちが、五色の組紐のたれる金色の華籠をささげ、声明《しょうみょう》を称えながら、散華《さんげ》して廻るのを、御簾《みす》のかげから見物するのが、当時の平安貴族のお姫さまや女房たちには、何よりのショーであり、見物し甲斐のある見物《みもの》であった。

美しい華籠を見つめていたら、僧たちの美貌や美声の品定めをしている女房たちの囁《ささや》きまで、聞こえてくるような気がしてくる。

今回も帰りには余呉湖《よごこ》へ立ち寄り、湖面を染める華麗な夕焼けを見て、長浜の黒壁ガラス館では、可愛らしいガラスの壺を買って、心満たされた湖岸の旅の一日を終った。

【1】天智天皇：626～672年。第38代天皇。中江大兄皇子として「大化の改新」を行い、667年には近江大津宮に遷都。

【2】称徳女帝：718～770年。父は聖武天皇、母は光明皇后。第46代孝謙天皇として在位、後に第48代称徳天皇として復帰。

【3】道鏡：700?～772年。孝謙天皇に仕え、寵愛を受けた僧。

【4】五具足：香炉1つと燭台1対、花立1対で1組みとなる仏具のこと。

【5】足利尊氏：1305～1358年。室町幕府の初代征夷大将軍。弟の直義（1306～1352年）とは後に対立。

【6】本覚大師（益信僧正）：827～906年。真言宗の開祖弘法大師直系の孫弟子。朝廷の信頼厚く「国師中の国師」と言われた。

【7】荼枳尼天：白狐に乗る天女の姿で表され、剣、宝珠、稲束、鎌などを持物とする。神道の稲荷信仰と混同、習合した。

多田幸寺

滋賀県長浜市田村町338 ☎0749-65-6521（長浜観光協会）現在は無住のお寺になっているため、拝観時間、拝観料については長浜観光協会までお問い合わせください。JR琵琶湖線田村駅より、徒歩5分。HP長浜・米原・奥びわ湖観光情報サイト http://kitabiwako.jp/

神照寺

滋賀県長浜市新庄寺町323 ☎0749-62-1629 拝観時間9:00～16:30（宝物殿・要予約 月曜日・年末年始・お盆休） 拝観料400円 JR北陸本線長浜駅より近江バス（養護学校行き）にて、「神照寺前」下車すぐ。◎近年の気象状況が萩の生育、開花に大きな影響をもたらしているため、萩鑑賞については、期間を定めないで境内で自由鑑賞としている。HP http://www.h2.dion.ne.jp/~jinsyoji/

仏縁コラム

古の人々が仏像の色やかたちに込めた思い

琵琶湖畔近くの田園地帯、小さな田村山を背にして多田幸寺は建っています。元は天台宗の大寺院で、多田(源)満仲の子・源賢法眼《げんけんほうげん》によって開かれました。源賢は比叡山で恵心僧都《えしんそうず》源《げん》信《しん》に学び、歌人としても名を遺している僧です。

多田幸寺の本尊・お薬師さまは、天台宗に伝統的に見られるお姿で、比叡山延暦寺根本中堂《こんぽんちゅうどう》の本尊・薬師如来像の様式にならっています。「朱《しゅ》衣金体《えこんたい》」といい、身体は金色を表す黄土、衣は朱に彩られる鮮やかさ。御像をよく見ると、その名残りがかすかに残っています。

神照寺は、戦国大名浅井長政で知られる浅井家との関わりが深く、興亡を共にした厳しい歴史を持っています。

本尊は、木製の板から半肉彫りにされた脇手と光背に、一木造の本体をはめ込むという珍しい千手観音菩薩立像。お顔にも身体にも、美しい金箔が残っています。そして、孔雀が羽を広げたように美しく、数え切れないほどの手が厚みをもって円を描いています。

千手観音とは観音菩薩の変化の一つ。基本的な様式の特徴は、十一面観音と同じく、頭頂に一面、頭上に十の面相があります。そして千の手は、合掌する二つの腕と、それぞれ持物を執っている四十本の腕、そして、残りの腕は小さく、光背のように作られます。千の掌一つ一つに眼があるとされ、千手千眼観音ともいわれます。すべての人々を救いとる誓願と無限の力を表しています。

京都府

閻魔大王・小野篁《おののたかむら》——六道珍皇寺《ろくどうちんのうじ》

空也上人《くうやしょうにん》——六波羅蜜寺《ろくはらみつじ》

この世からあの世へ渡る辻で、閻魔さまにまみえて遊ぶ。
空也上人の生涯を思い、ありがたい念仏を唱える。

閻魔さまが睨むあの世の入口

京都へ住みついたはじめての夏、まだ私は出家前で有髪《うはつ》だったが、私の年来のファンの女の人に誘われて、八月八日、「六道はん」へお詣りにつれて行かれた。京都の人々に「六道《ろくどう》はん」と親しい名で呼ばれているのが六道珍皇寺である。

京都の人は、お盆前になると、みな「六道はん」へお詣りして「迎え鐘」を撞《つ》かせてもらって、槇《まき》の小枝や蓮の葉などを買ってくる。槇は十三日まで井戸（京都の旧い民家にはたいてい台所に井戸があった）の中に吊しておいて、十三日に亡き人のお精霊《しょうりょう》さんが帰ってこられてから仏壇に供える。蓮の葉は、野菜など、お供物をその上に載せてお精霊さんに祀るのである。

六道珍皇寺は、「六道の辻」と呼ばれるあたりにある。六道は、地獄、餓鬼、畜生、修羅、人間、天上の六つの世界をさし、この世とあの世の中間にあって、人は死ぬと、この世の行いの報いによって、この辻から六つの世界の道へ転生していくと信じられていた。

珍皇寺には、あの世へ通じるという井戸が、今も現存している。この井戸は嵯峨天皇に仕えていた小野篁《おののたかむら》[1]が、あの世とこの世を往来した時に使った井戸と伝えられている。小野篁は、現世でも、学者で和歌の名人だったが、わがままで、自由すぎる人物だったので、いろいろ問題を起こしていた。ところが冥府の役人たちからは信任されていて、夜な夜なこの井戸から地獄に通い、閻魔の庁に仕えていたという。現世と異次元のあの世を自由に往来できる超能力者だったのだ。

六道珍皇寺の門前に「六道の辻」の碑。

　珍皇寺の山門のすぐ右手に篁《たかむら》堂《どう》が建っていて、格子の奥の薄暗がりの中に、恐ろしい閻魔さまと、衣冠束帯《いかんそくたい》の小野篁の像が仲よくおさまっている。井戸は本堂の裏にある。

精霊迎えの鐘楼は篁堂の隣に建ち、花頭窓《かとうまど》のついたお堂で、丸い穴から撞木を引く綱だけが出ている。人々はその綱を引っぱって鐘を撞く。

「お盆に戻っておこしやす」

いちいち、亡き人の名を呼んで、大声でどなっている。十何人も死者の名を呼ばれては困るので、三人までと制限されている。みんな普段着で汗をかきながら、長蛇の列に並んで待っている。

　私の案内人も神妙な顔で鐘を撞き、槙と蓮の葉をかかえてほっとした顔になる。そこから角を曲がってついそこの、六波羅蜜寺へ詣る。

篁堂に安置される閻魔大王の木像は室町時代のものとも、小野篁作とも。像高170㎝。

同じく篁堂にある江戸時代初期の作と伝わる衣冠束帯の小野篁像。像高180㎝。

出家してから私には、六波羅蜜寺はもっと親しい身近なお寺になった。六道珍皇寺は今は禅宗だが、六波羅蜜寺は、真言宗智山派の寺で、本尊は十一面観音、西国三十三カ所観音霊場の第十七番の札所《ふだしょ》である。

私は西国巡礼の先達《せんだつ》として、バスを連ねて、お詣りしたこともあれば、当時の御住職の川崎龍性《かわさきりゅうしょう》師[2]に、開基空也についてのお話を伺いに上がったことも、昭和五十三（一九七八）年から公開された、寺に伝わる「かくれ念仏」を拝観しに伺ったこともある。

また、この界隈の、どこか大正時代の面影が残っているような、庶民的で古風な感じが好きで、よく立ち寄っては、お詣りもしている。

この寺にお詣りした以上、収蔵庫の空也像や平清盛像を拝観させてもらわないともったいない。

空也上人は、六波羅蜜寺の開山で、光勝《こうしょう》といい、醍醐天皇第五皇子とか、仁明《にんみょう》天皇第八皇子の常康《つねやす》親王の子とか伝えられているが、はっきりしたことはわからない。寺伝では醍醐天皇第二皇子と記録されている。

二十一歳で尾張の国分寺《こくぶんじ》で出家。沙弥《さみ》（剃髪後も在家の生活をする見習い僧）空也として、寺にとどまらず、日本中を駆けめぐり、険しい道に遭えば土を削り平らにし、橋がなければ橋をかけ、水がなければ井戸を掘った。道に死体があれば、一所に集めて焼き、供養をした。正式に光勝と名を受けても、生涯を空也として通している。

その頃は京からは、遠い僻地であった東北まで、教化《きょうか》の旅をしている。会津若松には空也念仏が伝わり、岩手県花巻には「鹿踊り」となって、その遺風が伝わっている。

三十五歳になって初めて都に帰り、町にかくれて行乞《ぎょうこつ》し、もらった布施を病者や貧者にほどこしたので、人々から敬慕され、「市聖《いちのひじり》」と呼ばれるようになった。この頃すでに阿弥陀仏の口称《くしょう》念仏をすすめていたので、「阿弥陀聖《あみだひじり》」とも呼ばれていた。弟子も多

侍たちが宿代わりにした広い境内をもつ六波羅蜜寺。

く集まってきたが、うるさがって、行方をくらまし、また町の片隅に薦《こも》を張って住み、破れた盆で乞食《こつじき》をしていた。

天暦《てんりゃく》五（九五一）年、京畿《けいき》に悪い病気が流行し、多数の死人を出した。空也は金色の一丈の十一面観音像を造り、それを車に乗せ、湯の中に茶と小梅干しを入れ青竹を八葉の蓮の葉のように割ったものでかきまぜ、まず帝に献じ、残りを観音像と一緒に車に積んで、市中をひき廻し、病気の人々にこれを飲ませた。これで病人は平癒する者が多く、いっそう空也は尊崇された。

この時の霊験あらたかな観音を本尊として応和《おうわ》三（九六三）年八月、西光寺《さいこうじ》を、ここに建てた。

空也はこの寺で、七十歳で歿している。空也の生涯は、貧者や病者に捨身《しゃしん》して奉仕し、難しいとされていた仏教を、庶民たちにわかり易く説き、六字名号《ろくじみょうごう》「南無阿弥陀仏」を称えるだけで救われると教え、踊り念仏を発明して、人々を法悦の境に誘い、仏教を民衆の中にとけこませていった。その影響を受けて、後に一遍上人《いっぺんしょうにん》[3]のような名僧もあらわれている。

後に空也の弟子の中信《ちゅうしん》が、西光寺を隆盛にして六波羅蜜寺と改称し、天台別院とした。

唇から仏飛び出す空也像に驚く

空也上人像は遊行《ゆぎょう》時代の姿を刻んだもので、重要文化財に指定されている。この像の胎内には銘文が記されていて、鎌倉時代の名仏師運慶[4]の四男康勝《こうしょう》の作とわかっている。

やせた脛を出して裾の短い粗末な衣をまとい、左手に鹿角《わさづの》の杖をつき、右手に撞木《しゅもく》を

空也上人立像。重要文化財。仏師・運慶の四男にあたる康勝作。鎌倉時代。木造。像高118㎝。

とり、胸にかけた鉦《かね》を打ちながら、前のめりに遊行する姿をいきいきと捉えている。頬はやせているが鼻筋は高く、細い目は智的で深い憂愁をたたえている。手脚は若々しく、老人の姿ではない。

何より驚かされるのは、半ば開いた唇から六体の小さな阿弥陀仏が一列に並んで飛び出していることである。南無阿弥陀仏の名号の音を、阿弥陀仏の像で立体的にあらわしたという彫刻表現は今見ても斬新で、これを完成させた時の作者の会心の表情が見えるようである。

皇子に生まれたという高貴な身分から、生涯を市井の中に埋め、念仏聖として庶民の苦悩を救うことにかけた聖像の清らかな思想が、その全身から滲み出して感じられる。

六波羅蜜寺のある界隈こそは、昔、平家一族の大邸宅の並んでいた町である。伊勢から起こって京に乗りこんできた平忠盛[5]は、兵士たちを収容しきれず、六波羅蜜寺の境内に宿泊させて以来、当寺との関係が濃くなり、清盛、重盛から相当の恩恵が寺に与えられている。こうして寺の周辺に平家一門の邸宅が立ち並んだ。

「平氏にあらざる者は人にあらず」と驕った平家の栄華は、この地に花咲いたのであっ

六波羅蜜寺の萬灯会。須弥壇に大の字の炎がゆらめく。

た。寿永《じゅえい》二（一一八三）年、平家没落の時、兵火を受け、本堂以外は焼滅している。

源頼朝が三年後上洛した時は、平家の池殿《いけどの》の旧跡に自分の旅宿を建てている。池殿は清盛の母、池禅尼《いけのぜんに》の住んだ邸で、頼朝は子どもの時捕えられて、すんでのところで殺されるところを、池禅尼の助言で命が救われたから、その恩をなつかしんだのだった。その後、北条泰時《ほうじょうやすとき》[6]を探題《たんだい》[7]にして、六波羅に邸を置いて以来、南北両探題の邸は、この地に置かれた。

何度も火災に遭い、建て直された六波羅蜜寺は、平成の現在、いきいきと開祖の誓願《せいがん》が活かされているように思われる。

ちなみに、六波羅蜜とは、この世に生きながら悟りの境地に至るために必要な六つの修行の徳目である。波羅蜜とはパーラミターというサンスクリットの音写で、到彼岸《とうひがん》という意味。すなわち悟りの世界である。そこへ行くには、六枚のチケットがないと、飛行機にも船にも乗せてもらえないということである。その六枚のチケットは、布施《ふせ》、持戒《じかい》、忍辱《にんにく》、精進《しょうじん》、禅定《ぜんじょう》、智慧《ちえ》である。ほどこし、戒律を守る、たえ忍ぶ、努力を怠らない、心を平静にたもつ、この五つの行をして、チケット五枚手に入れば、ごほうびとして最後の智慧のチケットをくれる。

ただ、のほほんと生きていたのでは、彼岸に渡れないという教えなのである。

[1]小野篁：802〜853年。清廉反骨、直情なその姿勢は『野狂』と呼ばれた。

[2]川崎龍性師：第64世山主。現在は御子息の川崎純性師が御住職となられている。

[3]一遍上人：1239〜89年。時宗の開祖。遊行に生き「捨聖」とも。

[4]運慶：生年不詳〜1224年。慶派一門を率い、長男の湛慶と四男の康勝はじめ6人の息子も仏師に。

[5]平忠盛：1096〜1153年。武士にして商才にも長け、息子清盛（1118〜1181年）の平氏政権の礎を築く。

[6]北条泰時：1183〜1242年。鎌倉幕府第3代執権。武士政権のための法令、御成敗式目を制定した。

[7]探題：鎌倉幕府や室町幕府において政務について採決を行う要職。

六道珍皇寺

京都府京都市東山区大和大路四条下ル4丁目小松町595 ☎075-561-4129 拝観時間9:00〜16:00拝観料500円（特別公開、寺宝展） 京都市営バス「清水道」下車徒歩5分。◎境内の散策は自由。但し堂内（重文の本尊薬師如来や地獄絵等）の拝観は事前申し込みが必要。六道まいりは8月7日〜10日に開催。

HP http://www.rokudou.jp/

六波羅蜜寺

京都府京都市東山区五条通大和大路上ル東 ☎075-561-6980 拝観時間8:00〜17:00、宝物館は8:30〜16:30 拝観料600円（宝物館）京都市営バス「清水道」下車徒歩7分。◎国宝の本尊十一面観音立像は12年に一度辰年にのみ開帳される秘仏。次回開帳は2024年の辰年となる。萬灯会厳修は8月8日〜10日、空也踊躍念仏厳修（かくれ念仏）は12月13日〜除夜にかけて行われる。

HP http://www.rokuhara.or.jp

仏縁コラム

死者と生者が行き交う場で伝説は語り継がれる

六道珍皇寺は、平安京にあった葬場の一つ、鳥辺野《とりべの》の入り口にあたります。冥界への入り口とも考えられ、死者と生者が入り混じる伝説が行き交うことになりました。

境内の井戸から、あの世と行き来をしていたという小野篁は、『小倉百人一首』に歌を取り上げられている参議篁《さんぎたかむら》のこと。篁は、閻魔の法廷で恩のある藤原良相《ふじわらのよしみ》を弁護し、現世に甦らせたという話が『今昔物語集』に出てくるなど、多くの伝説に包まれています。

当時は誰しも、死後に地獄などの苦しみの世界に堕ちることを本気で心配していました。それを審判するのが閻魔大王です。閻魔にも仕えた篁は、ひときわ不可思議な存在でした。

六道珍皇寺の山門を出て松原街道を進むと、斜め向かいに「六道の辻」の道標と、空海ゆかりの子育地蔵を祀る西福寺があります。その門前には「幽霊子育て飴」を売る店。母親が幽霊となっても、子どものために飴を求めに来たという伝説そのままのお店です。

六道の辻からほどない場所に、庶民に念仏を弘めた市聖・空也ゆかりの六波羅蜜寺があります。本堂の十一面観音像を拝んだ後は、空也上人像など、多くの仏像の待つ宝物館へ。コンパクトな展示で、御像が目前で拝観することができます。

なかでも六波羅のもう一人の主人公・平清盛坐像は、生き写しのように、迫力ある顔つきで鋭い視線を貫いています。

奈良県

鑑真《がんじん》和上《わじょう》・千手観音

——唐招提寺《とうしょうだいじ》

月明りに照らされる天平の甍《いらか》。刻苦を越えた鑑真和上像、三尊の巨《おお》きな仏像の荘厳さに心打たれる。

心に深く余韻を残す鑑真和上像

奈良の寺で、一番心惹かれるのは、唐招提寺《とうしょうだいじ》である。私はいつでもこの寺を訪れる時は、薬師寺から北半キロの道を歩いてゆく。十分くらいの道のりだが、しっとりとした西の京の味わいが残っている。

この寺はやはり、表通りの正面の南大門から入るのがいい。南大門の正面、視野いっぱいに迫ってくる金堂の荘重な梯形《ていけい》の大屋根は、豊かでシンプルで、おおらかな天平という時代の精神性が、そこに凝縮しているように見える。

前庭の広い白砂には塵ひとつなく、くっきり映った松の影が鮮やかで、その荘厳さと清潔なたたずまいは、何度訪れても、はじめての時と同じような強い感動を覚える。

どっしりとした梯形の大屋根の両端に乗った鴟尾《しび》[1]は、青空にくっきりと存在感を示し、大屋根の重量をこの二点で支えているような強いアクセントになっている。向かって左の鴟尾は創建当時のもので、「天平の甍《いらか》」と呼ばれている。右のは鎌倉時代のものだそうだ。

南大門より、荘重な金堂をのぞむ。時を超えた清潔な佇まい。

重い屋根を支える八本の円柱は、ギリシャ建築の大理石の堂々とした柱を連想させる。わずかにエンタシス（円み）がついている。この金堂は、奈良朝寺院の金堂で現存する唯一のもので、哲学者の和《わ》辻《つじ》哲《てつ》郎《ろう》[2]は、大屋根と円柱の力強さが端正な調和美をかもしだしているのを絶讃して、東洋に現存する建築のうちの最高のものと断定した。

金堂の背後に散らばるいくつかの建物が、こんもり森をつくった樹々の緑にやさしく囲われ、樹々と建物の静かな調和が、透明な音楽を奏でているように感じるからだ。それははるかな虚空から鳴り響く幻の梵音《ぼんのん》なのかもしれない。

この寺が盲目の唐《とう》の聖僧鑑真和上《がんじんわじょう》の私寺《しじ》として建てられたものだというのは、あまりにも有名である。鑑真和上は、唐で授戒大師《じゅかいだいし》と呼ばれて尊崇されていた戒律の師であった。日本は聖武天皇の時代、仏教が急速に未曽有の発展を遂げたが、戒律が不備だった。そこで栄叡《ようえい》[3]、普照《ふしょう》の二人の僧が唐に渡り、揚州《ようしゅう》の大明寺《だいめいじ》で鑑真に逢い、日本に渡り、戒律を伝えてほしいと懇願した。鑑真はその熱意に感じて、日本へ渡ることを約束した。時に、鑑真、五十五歳であった。

その後、五度、日本への渡航を試みたが、五度とも嵐に遭い、失敗した。ついに六度め、渡航は成功し、九州薩摩に上陸した。翌年やっと平城京に入った。その間、実に十二年の歳月が流れ、鑑真はすでに六十七歳になっていた。しかも度重なる渡航の苦労や、潮風に冒されて、日本にたどりついた時は、両眼を失明していた。

鑑真一行は熱烈な歓迎を受け、聖武天皇は、東大寺大仏殿前に戒壇を築き、天皇、光明皇后、孝謙女帝、文武百官ほか四百人が鑑真から受戒した。それから五年ほど、東大寺に住し、朝廷に仕えたが、ようやく汚濁《おじょく》しはじめた奈良仏教界では、鑑真のような求《ぐ》道一途《どういちず》の聖僧は住みにくくなった。

金堂に安置される千手観音菩薩立像。国宝。木心乾漆造。奈良時代。像高536㎝。

晩年は華やかな東大寺を去り、都の西のほとり、新田部《にいたべ》親王の旧宅を賜ってこの私寺を開いた。そこでの生活は静かだが淋しいものであったようだ。官寺ではなかったので財政も豊かではなかっただろう。最初は「建初律寺《けんしょりつじ》」で、戒律の寺だったが、やがて「唐招提寺」と改められた。

天平宝字《てんぴょうほうじ》七（七六三）年の春、弟子の忍基《にんき》が講堂の梁《はり》の折れる夢を見て、和上の遷化《せんげ》の近いことを悟り、師の姿を写して、等身大の鑑真像を造った。この像を残して、鑑真は同年五月六日、享年七十六で遷化した。日本ではわずか九年の歳月しか過ごさなかったが、日本へ渡ることを決意してからは、二十年にわたる長さであった。

今では開山堂にお身代わり像が安置され、わが国最古の肖像彫刻にして最高傑作といわれている国宝の本像は、開山忌の前後三日間しか、一般には拝観できない。鑑真はモデルになった時、もう死を覚悟していて、彫刻する者のため坐禅をしてやったのではないだろうか。それとも盲《めし》いた目の中に、故国揚州の風景や、大明寺のなつかしいたたずまいを思い浮かべていたのだろうか。自分に従って渡日する途中、波に消えた弟子たちの俤《おもかげ》も浮んでいたのではないだろうか。静かな寂しい顔の頬に、伝わる涙が見えるような表情である。

鑑真歿後、九百二十五年経って、貞享《じょうきょう》五（一六八八）年に四十五歳の松尾芭蕉《まつおばしょう》[4]は、『笈《おい》の小文《こぶみ》』に綴った旅の途中で奈良に立ち寄り、唐招提寺を訪れて、この像を拝して、

若葉して御目《おんめ》の雫《しずく》ぬぐはばや

鑑真和上坐像。国宝。脱活乾漆造。彩色。奈良時代。像高80cm。今も鮮やかな彩色が残る。

という名句を遺している。

たしかに鑑真の像は、上品なやさしい慈悲に満ちた柔和な表情で、清らかであり、幾度の苦難にもめげず渡航を繰り返す剛気な面は、表情にあらわれていない。微笑しているように見えるけれど、芭蕉には、盲いた御目からしたたり落ちる涙が見えたのだろう。

この寺はどの季節に詣っても凛《りん》とした静寂の気が漂っているが、私は秋の唐招提寺が最高だと思う。

中秋の名月の夜には、「観月讃仏会」がある。この夜は金堂の内部に祀られている御本尊盧舎那仏《るしゃなぶつ》と、向かって左の千手観音、右の薬師如来の、高さ三、四メートルもある巨像にあかあかと灯が灯《とも》され、庭にも露地灯籠がたくさん灯される。

空には名月が浮かび、月と灯以外は、漆黒の闇に包まれた中に、本堂の大きな屋根が影絵のように浮かび上がっている。

名月のもと妖しく輝く仏像たち

三尊の巨《おお》きな仏像だけが、明るい灯明の中に額縁にはめこまれたように輝いているさまは、さながら夢幻の世界で、妖しいその美しさに息を呑む。詣でる人々も、その荘厳さに打たれ、粛々と歩を運ぶ。その人たちも影のようで、ふと、この世の人ではないように見える。

中秋の名月が、こんなにも明るく美しいものだったかと、改めて目を洗われたように思う。名月の下の大屋根と二つの鴟尾のシルエットが鮮やかだ。

鑑真の盲いた目の中にも、秋の夜には、もはや帰ることもない、はるかな故国のなつかしい寺で仰いだ月影が、映っていたのではないだろうか。望郷の想いは、悟りを開いた聖僧の胸にも、奥深くたたみこまれて熱い想いをたぎらせていたことであろう。

本堂の中には堂内を三分するほどの三体の巨像のほかに、須弥壇《しゅみだん》の上には、木像の四天王、梵天《ぼんてん》、帝釈天《たいしゃくてん》など、いずれも天平末期を代表する仏像群が所せましと居並んでいる。

これらは鑑真について渡来してきた弟子や仏師たちの手になったもので、「唐招提寺式一木彫《いちぼくぼり》」と呼ばれ、東大寺や、二月堂の天平の諸仏とは区別されている。

あくまで静かな観月の会の外に、唐招提寺の賑やかな楽しい行事に春の「うちわまき」がある。

これは唐招提寺中興の祖といわれる大悲菩薩覚盛《かくじょう》上人[5]の、自分の血を吸う蚊も殺さなかったという徳に、法華寺の尼僧たちが感動して、「せめてうちわで蚊を払ってさしあげたい」とハート型のうちわを供えたことから起こった美しい行事だと聞いている。

鎌倉時代に建てられた礼堂は重要文化財。屋根は堂々たる本瓦葺。

楽しい「うちわまき」と、静かな「観月讃仏会」を縁あって訪れることの出来る人は幸せである。

[1]鴟尾：仏殿などの大棟の両端に取り付ける、魚の尾の形をした飾り。

[2]和辻哲郎：1989〜1960年。哲学者、文化史家。1919年、『古寺巡礼』を著し、古寺めぐりの先駆けとなった。

[3]栄叡：生年不詳〜749年。普照（生没年不明）と共に入唐した興福寺の僧。鑑真に拝謁するまで10年を要した。

[4]松尾芭蕉：1644〜49年。俳諧（連句）を芸術の域に高め、蕉風と呼ばれる句風を確立。『笈の小文』は、伊勢、大和、須磨、明石の旅をつづった第3番目の紀行。1709年刊。

[5]大悲菩薩覚盛上人：1194〜1249年。鎌倉時代中期の律宗の僧。1244年、唐招提寺にて律学の復興に尽力し、鑑真の再来ともいわれた。覚盛の命日・5月19日には毎年「中興忌梵網会」という法要が開かれ、その遺徳を偲んで舎利殿からうちわがまかれる。

唐招提寺の静けさに包まれた境内には、僧侶たちの読経の声だけが流れている

唐招提寺

奈良県奈良市五条町13-16
☎0742-33-7900　拝観時間8:30〜17:00（受付は16:30まで）拝観料600円（特別展は別途料金）JR・近鉄奈良駅から奈良交通六条山行きバス17分、「唐招提寺」下車すぐ。◎御影堂は平成27（2015）年から平成大修理事業のため、拝観不可。修理期間中、鑑真和上坐像は新宝蔵に遷座。うちわまきは5月19日、鑑真和上坐像特別開扉は6月5日〜7日、観月讃仏会は中秋名月の日に開かれる。HP http://www.toshodaiji.jp/

仏縁コラム

荘厳な建物と仏像たちが醸《かも》す清らかな空気

奈良の有名寺院のなかでも、戒律に厳格な律寺らしく、とりわけ清らかな空気が感じられるのが唐招提寺です。

奈良時代の様式を唯一現存している金堂。そして、講堂、礼堂《らいどう》を中心に諸堂が並び、校倉造《あぜくらづくり》の宝蔵と経蔵、また、戒壇等があります。鑑真像の他、多くの貴重な仏像が祀られています。

金堂屋根には新しい鴟尾《しび》が光っています。平成大修理で「天平の甍」といわれた創建時のものは新宝蔵へ移されました。

鑑真が、唐より将来した仏舎利を収めた金亀舎《きんき》利塔は、鼓楼（舎利殿《しゃりでん》）に安置されています。

金堂には東大寺の大仏と同じ盧舎那仏像《るしゃなぶつ》が祀られています。盧舎那仏の名は輝きわたる太陽の意。仏の智慧が広大無辺なことを示して「光明遍照《こうみょうへんじょう》」と訳され、密教では大日如来とよばれます。光背に満ち溢れる千の仏、蓮弁に一つ一つ描かれた釈迦如来など迫力あるお姿です。

また、本尊に向かって右側には千手観音像。千手を表すのは難しいため、一般的には四十二の腕ですが、こちらは実際に千本の腕がある形式で、千手観音像の代表作と言われています。

左側には、左手に薬壺を持たない奈良時代以前の様式の薬師如来像が祀られています。

唐招提寺は、平安時代半ばには衰退し、鎌倉時代になると、南都仏教復興を志した貞慶《じょうけい》が釈迦念《ねん》仏会《ぶつえ》を始めました。その孫弟子・覚盛《かくじょう》は本格的な戒律復興を行い、鑑真の再来とよばれました。

京都府

薬師如来・五大虚空蔵《こくうぞう》菩薩——神護寺

薬師如来に元気をもらい、虚空蔵菩薩に心癒やされる。
歴史群像劇の舞台としても興味が尽きない山深き寺。

峻厳な薬師如来像、優しき菩薩像

私は神護寺が以前から大好きで、よくひとりで訪れていた。京都の町なかの寺もいいが、寺はやはり山の中深く建っているのが好ましい。

神護寺は紅葉の名所として名高い高雄の山中にある。昔は高雄山寺《たかおさんじ》と呼ばれていた。高雄はいつから紅葉の名所になったのか。室町時代に描かれた「神護寺大伽藍図《がらんず》」によると、その頃からもう、寺の建物の間を埋めつくす紅葉が植えられていたことがわかる。銀閣寺を建てた足利義政[1]は、毎年、日を決めて高雄の紅葉を観賞したという。

私は高雄の渓谷に下りてゆく前に、ドライブウェイの展望台から、ひとりそこに立って、寺を上から眺めることにしている。紅葉の時は、全山錦繍《きんしゅう》に彩られた雄大な眺めが展《ひろ》がり、その中心に、神護寺の堂塔が蜃気楼のように浮かび上がっている。

新緑の頃は青い炎のように見える樹海の中に、冬は全山白銀に包まれた崇高な聖域の中に、寺の屋根も白雪に光り輝き浮かび上がる。花の季節には寺が花の雲に乗っているように見える。四季いつの季節にも、そこからの眺めは、宇宙的、曼陀羅の絢爛とした

急勾配の石段を登れば堂々たる山門。紅葉寺には燃え立つ美しさ。

世界を表現している。

私はそこから神護寺の神秘的な俯瞰図《ふかんず》をたっぷり愉しんでから、ゆっくり清滝《きよたき》川の渓谷に下っていく。川沿いの茶店や料亭の前を過ぎて行き、朱塗りの高雄橋を渡ると、いよいよ寺の聖域になる。清滝川が俗界との結界《けっかい》の役目をしている。

幅の広いゆったりした三百数十段の石段が、歳月に磨滅して、柔らかく見える。なだらかな傾斜で山門までせり上がっている石段の両側から紅葉が枝を延ばして、天蓋のようになっている。登りはじめの参道の右脇に、下乗石《げじょういし》が立っている。正安《しょうあん》元（一二九九）年造立の文字がある。鎌倉時代のものだ。

本尊の薬師如来立像。国宝。かや一木造。平安時代前期。像高170cm。

石段の途中に空海[2]の伝説の硯石《すずりいし》がある。五月雨《さみだれ》で清滝川が増水し、勅使が渡れない時があった。勅使は高雄山寺にいた空海に、金剛定寺の額字を揮毫するよう帝の命を帯びて来たのだった。空海は、対岸の橋の向うの山の額立石《がくたていし》に額を立て掛けさせ、この硯石で墨をすり、筆を飛ばして川向うの額字を書いたというのである。空海の能筆や天才ぶりを伝えた伝説にすぎないが、当時の空海の名声と人気の偲ばれる話である。

石段を登りつめると、どっしりとした山門が聳えていて、「神護国祚真言寺《じんごこくそしんごんじ》」といういかめしい額が柱に下っている。これをつづめて神護寺と呼ばれる。この寺名は空海が名づけた。

門をくぐると、すぐ右側に和気清麻呂《わけのきよまろ》[3]の霊廟がある。この寺はもともと和気清麻呂が、宇佐八幡から、「一寺を建立して万代安穏《ばんだいあんのん》を祈願せよ」という神託を受けたと言って、桓武天皇[4]の勅許を得て河内の地に建立した神願寺と、この地の高雄山寺が後に合併したと伝えられている。

清麻呂は道鏡《どうきょう》が孝謙女帝《こうけんにょてい》（再び即位をするという重祚《ちょうそ》をして称徳天皇）に寵愛され、皇位につこうとした時、宇佐八幡の神託といって、それを阻止した。そのため道鏡に、

姉の広虫と共に流罪にされた経歴がある。その後、女帝と道鏡が相ついで死亡し、清麻呂は返り咲いて、桓武天皇の側近となった。天皇の長岡遷都にも平安遷都にも力を尽くし、桓武天皇に信任されていた。

平安新都の精神的中心となる新仏教を望んでいた天皇に、比叡山の若い修行僧最澄[5]を推挙したのも清麻呂であった。清麻呂は早くから最澄の大器であることを見抜き、積極的に外護《げご》する者、すなわちパトロンになっていたからである。

清麻呂が死んだ時、息子の広世《ひろよ》は、

五大虚空蔵菩薩像。国宝。木芯乾漆造。平安時代。各像高94㎝。

父の墓所を高雄山寺に造った。高雄山寺は和気氏の菩提寺の性格が明確となり、これより神願寺の本尊として造られていた薬師如来像も、高雄山寺、今の神護寺の本尊となったのだろう。

この薬師如来像ほど力強い仏像を拝んだことがない。仏さまといえば、どこか慈悲にみちた優しいお顔なりお姿をして、卑小で力弱き拝む者に、無言の慰めを与えて下さるものと思っていた。不動明王や、十二神将などの中には、怖い形相の仏や神もいるけれど、仏の中でも最高の位の如来というのは、慈悲の権化のように思いがちだ。

普通、薬師如来と言えば、常に薬壺を持って、優しく足許にひれ伏す衆生を見下ろして下さる。体の傷も心の痛みも治してやろうという優しい表情がある。ところがここの薬師如来は、どきっとするほど体が巨きく、特にちょっとひねった下半身が肉厚で、デフォルメされた体軀はまるではちきれそうに盛り上がっている。豊満というより、頑丈という表現がふさわしい。

お顔も不気味なほど力強く、峻厳そのものである。切れ長の眦《まなじり》もきっと上がり、半眼に伏せた瞼の中に、何でも見通すぞといった感じの鋭い瞳が覗いている。白眼の胡粉《ごふん》がわずかに残っているのが、かえって恐ろしい。それに、仰ぐと意地悪そうに唇の端がフランスの女優ジャンヌ・モローのように下っているので、よけい冷たく感じられる。重そうに、まるで兜でもかぶったような量感のある螺髪《らほつ》の山、高い秀でた額や肉厚な力強い高い鼻、すべてが重々しく、暗く、厳しい。

私はこの薬師仏に慰めを求めて訪れたことはない。気力萎え、自信を失い、あるいは孤独感にうそ寒い想いの時に、私はこの薬師像の足許にひれ伏したくなる。慰められるより、叱りつけてもらいたいような気分がして。すると、必ず、この神秘的な薬師像から、パワーの雨が全身に降りそそがれるように思い、いつの間にか体に力がよみがえり、みなぎってくるのである。

七仏薬師らしいといわれるこの薬師像は、失意の中に死んだ道鏡や、桓武天皇によって死に追いやられた弟の早良《さわら》親王の怨霊の祟りを払うために、守護仏の本尊として造られたというのも、うなずける。

この薬師仏と対照的なのが、多宝塔に安置されている五大虚空蔵菩薩像の五体である。この仏たちの柔かな優しい表情、官能的とさえ思われる美しい軀は、当時の理想的美女をモデルにしたかと思われる。厳しい薬師を拝んだ後、この美女のような仏さまを拝むと、思わずふっと肩の力が抜け、自分が微笑していることに気がつくだろう。

歴史の群像が行き交う舞台

この寺は、和気広世が、父清麻呂の遺志をついで、最澄のパトロンとして、この寺に招き、叔母の法事に法華会《ほっけえ》を開かせた。これには南都の大徳や朝野の貴人、学匠も集まって聴聞したので、最澄という存在を宣伝する有利なキャンペーンになった。桓武天皇は南都の旧仏教を圧《おさ》える新興の仏教として、最澄の天台宗に期待をかけていた。

その翌年、最澄と空海ははからずもともに入唐している。最澄は予定一年の還学生《げんがくしょう》、空海は二十年の期限つきの留学生《るがくしょう》であった。この時は最澄と空海の立場は雲泥の差があった。最澄が精力的に中国天台学を学び、帰国した時、桓武天皇は重病になっていた。最澄が帰国前のわずかの閑《いとま》に越州に寄り、密教を学んできたと知ると、桓武天皇はその呪法によって、自分に取り憑いた悪霊を払いたいと思った。勅命により、最澄は高雄山寺で奈良の高僧八人に対して密教の灌頂《かんじょう》をほどこしてしまった。灌頂とは密教で阿闍梨《あじゃり》から頭に水をそそがれ、法を受ける儀式をいう。天皇の病気平癒のための灌頂も行った。しかし桓武天皇は七カ月後には崩御した。

空海は唐の長安で密教の正統の灌頂を恵果《けいか》から伝授されて、在唐を繰り上げ、最澄に少し遅れて帰国した。おびただしい教典や仏具や仏画を持ち帰った。三年ほど身をひそめていた空海は、朝廷の要請で京へ入り、高雄山寺を提供される。

和気氏は広世の弟の真綱《まつな》の代になっていた。真綱は最澄より空海に傾倒した。

心の清らかで一途な最澄は、自分が生半可な灌頂を行ったことを恥じ、はるかに身分の低い空海に、師弟の礼を取って密教を学ぼうとする。そして空海から灌頂を受けるのだった。

今、神護寺に、この空海真筆の「灌頂暦名」（国宝）が残っている。弘仁《こうにん》三（八一二）年十一月十五日、この寺で空海から本式の灌頂を受けた者の名を列記したもので、メモ風に書き飛ばしているので、墨の雫《しずく》などが飛び、空海の肉声を聞くような感じがする。その第一番に、最澄の名が書かれている。

金堂は荘厳なシルエットを山中に描き出す。

また鎌倉時代に入って、荒廃しきっていた神護寺の復興に全力を尽くしたのは文覚上人である。文覚は源渡《みなもとわたる》の妻袈裟御前《けさごぜん》に横恋慕して、袈裟御前に謀られ、源渡だと思いこんで、袈裟御前を殺してしまった。それを悔いて出家した俗名、遠藤盛遠《もりとお》であった。

後白河院政時代で、出家前の文覚は院武者所《いんのむしゃどころ》の一人だったので、後白河法皇に神護寺復興の御寄進を強要したりして、暴行に及び、伊豆の国に流される。そこで同じく配流中の源頼朝と出会い、頼朝の挙兵を援助したりしている。

赦免されても神護寺復興をあきらめず、元暦《げんりゃく》二（一一八五）年正月には後白河法皇は文覚の起請の奥書に、御手印まで加えて、文覚を勧進僧とされている。この手印のついた起請書も、神護寺は蔵している。

文覚は晩年また、佐渡、対馬と流され、対馬で死亡しているが、墓はこの寺の奥に山径をたどると、山頂に五輪の墓石となってうずくまっている。

ある夏、私は久しぶりで参拝したら、金堂に、何と当時の御住職谷内乾岳《たにうちけんがく》師[6]が、御自身で参拝者の集印帖に筆を振るっていらっしゃった。もったいなくて思わず手を合わせた。今時、こんな大寺の御住職が御自身こうした下座行《げざぎょう》をなさる寺は見たことがない。

帰りにはいつものように地蔵院に廻り、名物のかわらけ投げをして、胸をすかせて帰ってきた。

[1]足利義政：1430～90年。室町幕府第8代将軍。銀閣に代表される、わび・さびを重視した東山文化の立役者。

[2]空海：774～835年。弘法大師として知られる真言宗の開祖。書にすぐれ、詩文にも秀でた。

[3]和気清麻呂：733～99年。道鏡との悶着で流罪となるも返り咲き、平安遷都を建議、造営大夫として活躍した。

[4]桓武天皇：737～806年。第50代天皇。長岡京、平安京への遷都など業績多数。暗殺事件の嫌疑をかけて死に至らしめた弟の早良親王（750～85年）が、数々の祟りを引き起こしたと言われている。

[5]最澄：767～822年。空海らと唐に渡った天台宗の開祖。伝教大師。比叡山延暦寺を開創した。

[6]谷内乾岳師：2004年に逝去。現在の御住職は谷内弘照《たにうちこうしょう》師。

神護寺の毘沙門堂にある、楓の意匠。古くから紅葉の名所だったことを示す。

神護寺

京都府京都市右京区梅ヶ畑高雄町5　☎075-861-1769　拝観時間9:00～16:00　拝観料600円　JR京都駅、地下鉄烏丸線京都駅からJRバス（高雄・京北線）にて約50分、「山城高雄」下車徒歩約20分。◎多宝塔の五大虚空蔵菩薩像御開帳は、5月と10月。日程は問合せを。錦雲峡に向かって投げる厄除の「かわらけ投げ」は神護寺が発祥と言われている。HP http://www.jingoji.or.jp/

仏縁コラム

山上の寺でこそ得られるありがたい仏縁

京都の北東・鬼門を護っているのは天台宗の総本山である比叡山延暦寺。比叡山と向かい合うようにして都と三角形をつくり、京都の北西・高雄山にあるのが真言宗の神護寺です。

神護寺の前身である高雄山寺は、日本の仏教史特に密教の歴史では大切な場所です。平安仏教それぞれの宗祖である最澄、空海の活躍の大舞台となりました。

高雄は紅葉の名所として名高く美しい景勝地で、空海が東寺に移るまで過ごした、密教の修行に相応《ふさわ》しい山寺です。急な長い石段を上がっていくと、見上げた空のなかに鮮やかに楼門が見えてきます。

金堂には病苦に寄り添う仏さまである、薬師如来が祀られています。右手には施無畏印《せむいいん》を結び安心を与え、左手には薬壺。神護寺のお薬師さまは薬壺を右手より高く持たれて迫力があるのが特徴です。

脇侍の日光・月光菩薩像が左右に祀られ、両脇壇には眷属《けんぞく》の十二神将像が揃っています。お薬師さまのオールキャストを一つの御堂でお参りできるのです。手を合わせると山上まで登ったありがたみが増してきます。

多宝塔内に並ぶ五大虚空蔵菩薩は、福徳・除災を授ける菩薩。元は宝塔院内にて立体曼荼羅を形成していました。法界《ほっかい》虚空蔵菩薩を中心に、四方に四体（金剛・宝光・蓮華・業用《ごうゆう》）の虚空蔵菩薩が配置されていたのです。

京都府

釈迦如来・阿弥陀三尊――清凉寺《せいりょうじ》

生命力に満ちた釈迦像、光源氏の面影重なる阿弥陀仏。信仰と風雅の地、嵯峨を味わいつくす。

風雅の地に来臨した釈迦像

一般には釈迦堂の名で親しまれている清涼寺《せいりょうじ》は、五台山という山号を持つ堂々とした寺である。

京都でも嵯峨は昔から、天皇や貴族たちの別荘の地であった。その別荘の跡が今ではお寺になっているので、嵯峨には立派な寺々が多い。清涼寺の他にも天龍寺、大覚寺《だいかくじ》、二尊院《にそんいん》、常寂光寺《じょうじゃっこうじ》等がある。

同時にこの地は平安朝の昔から、世捨人が庵を結んだ土地でもあったので、小さな庵のような寺もある。祇王寺《ぎおうじ》や、厭離庵《えんりあん》である。

清涼寺は『源氏物語』の光源氏のモデルともいわれている源融《みなもとのとおる》〔1〕の山荘であった。源融は嵯峨天皇の皇子で左大臣でもあった。皇子でありながら臣籍に下ったこの貴公子は、その時代の風流人としても有名であったらしい。

棲霞観《せいかかん》という融の別荘が、その死後、棲霞寺となった。

『源氏物語』では、光源氏が明石から呼びよせた愛人明石の君と、幼い女の子を住まわ

山門（仁王門）の建立は江戸時代。室町時代の仁王像を収める。

せて、月に二回、妻の紫の上の目を盗んで、通いつづけていた。その嵯峨行きの表向きの口実が、嵯峨の御堂を造ったため、その工事を見るというものであった。紫式部は明石の君の家を、嵐山の「嵐亭《らんてい》」あたりに設定し、この清凉寺を嵯峨の御堂にあてて考えたようである。

私は出家する前から、嵯峨が好きでよく訪れていたが、いつも嵐電嵐山駅で下車して、すぐ前の天龍寺に寄り、それから駅前から真直ぐのびた一本道をてくてく北に向かって清凉寺に行った。

今は駅前からずっと、両側に土産物屋が並んでいて大賑わいだが、昔はひっそりとした門前町であった。この通りに「釈迦堂北七町」と書いた大きな碑が立っている。やがて山陰本線にさしかかり、それを越えると道幅がそこからせまくなって、今でも両側の軒の低い家々は、天龍寺前とはちがった古風な雰囲気を残し、しっとりしている。道の行手に、空にぬきんでた大きな重層の山門が望まれる。紅殻格子《べんがらごうし》のしもたや、菓子屋、畳屋、竹細工屋などが並んでいる。有名な豆腐屋「森嘉《もりか》」も、山門のすぐ東脇にある。日本一の名が高くていつも店の前に観光客が列をなしている。いつのまにか旧い店は近代風な明るい堂々とした店構えになっていた。

まわりの家々も次第に近代化する中で、釈迦堂の山門だけが昔のままで、これを見上げるたび、私は嵯峨の中でも最も閑寂な奥嵯峨への関所に、たどりついた気がした。

出家して嵯峨に住むようになった時、寂庵の玄関の前に立って東の方を見ると、畠の向こうにこんもりした森が見える。それが清涼寺だったのには愕《おどろ》いた。畠の中を通れば、歩いて四、五分で行ける距離だった。

寂庵を結んで三年ばかり過ぎた頃、私は当時の御住職の鵜飼光順《うかいこうじゅん》[2]師に、仏名会《ぶつみょうえ》にお招きを受けた。仏名会は釈尊成道《じょうどう》の日の十二月八日を中心に、六、七、八の三日間に行わ

釈迦如来立像。国宝。木造彩色。像内に絹製五臓を収める。北宋時代。像高160㎝。

れる。この日は秘仏になっている国宝の御本尊、栴檀《せんだん》釈迦像が御開帳になり、全国から集まってきた信者たちが親しく目前に拝することができるのである。

私は多くの信者たちの最前列で鵜飼師と並び、目の前に近々と釈迦像を拝した。その時は五《ご》体《たい》投《とう》地《ち》礼《れい》を五百回する。私は比叡山延暦寺横川で三千仏礼拝の五体投地礼を一日でやらされ、腰が抜けてしまった経験があるが、この時は元気に無事五百回を勤め終えた。

その時拝した釈迦像はびっくりするほど若々しく、なまなましかった。それもそのはずで、この釈迦像は三国（インド、中国、日本）伝来の像と伝えられていて、三十七歳の釈尊を写したものだと言われている。

釈尊が三十七歳の時、忉《とう》利《り》天《てん》宮[3]にいらっしゃる生母

阿弥陀如来・観音・勢至菩薩三尊像。国宝。木造漆箔。像高178㎝（阿弥陀如来）、168㎝（観音／左）、166㎝（勢至／右）。

摩耶夫人《まやぶにん》に法を説くため、忉利天に上って行かれた。インドでは弟子たちが、釈尊の留守の淋しさに耐えかね、名工毘首羯磨《びしゅかつま》[4]に栴檀の香木で釈尊の尊容を刻ませた。百六十二センチの立像で、忉利天からインドに帰られた釈尊は御自分に生き写しの尊像を御覧になり、喜ばれて、御自分で開眼なさり、自分の亡き後は、この仏像が衆生を済度するだろうとおっしゃった。

後、鳩摩羅琰《くまらえん》がこの仏像を亀茲国《きじこく》に運び出し、ついで鳩摩羅什《くまらじゅう》[5]がそれを長安に伝えた。東大寺の僧奝然《ちょうねん》が決死の覚悟で寛和《かんな》三（九八七）年入宋し、このインドから渡った釈迦像を拝し、時の皇帝太宗《たいそう》に請い、白檀《びゃくだん》で同じものを造り、それを持ち帰ったのである。後にこの尊像を本尊に建てられたのが清涼寺である。

私がはじめて拝した尊像は、百六十二センチとは思えない堂々とした肉づきのいい偉《い》丈夫《じょうふ》に見えた。左右シンメトリカルな衣紋《えもん》の襞の流れも単純に、くっきりしていて、その衣の下の肉体が如何にもなまなましく息づいているような感じがした。三国伝来のエネルギーが、今も脈々と伝えられているような感動を受けた。

なお驚いたことは、この仏像の中に籠められていたという内臓の造り物を見た時であった。

これは尊像が日本に渡る時、寺の尼僧や在家の主婦たちで、五臓六腑を絹で縫って胎内におさめたものである。胃は白、心臓は赤で玉《ぎょく》が包まれ、肝臓は赤で香《こう》が包まれている。腸は白い斑《まだら》の布である。肺、胆、腎など、それぞれ解剖学的にも正しい形で造られている。今はそのレプリカが本堂に陳列されているが、それを見て驚かない人はいないだろう。

仏像の胎内にはこの他、さまざまな書類や、肖像画や、水晶玉や、銅銭等々が入っていた。

まなざしは虚空に向けられ、施無畏《せむい》の印を結んだ御手ものびやかで、力強く地を踏みしめられた足は、今にも厨子の中から歩きだしてきそうに思えるほど生命力が感じられる。

奝然が尊像のレプリカを完成した時、夢に釈尊が顕《あら》われて、自分を伴って日本へ渡れと言われて、真仏とレプリカ仏が台座を入れ替わった。それで奝然が持ち帰った仏像は、インドで造られた本物だから三国伝来だという伝説が生まれている。この伝説を信じて、御本尊への信仰が貴賤を問わず、熱烈に広まったのであった。

法然上人も釈迦像の虜に

元来は東大寺系の華厳宗だった寺が、中世になって、釈迦念仏が盛隆になるにつれ、法然上人[6]も比叡山から下りて、真直ぐ清凉寺を訪れ、御本尊にぬかずいて回心《えしん》のきっかけを摑んでいる。法然上人は、真の大乗仏教とは、貴族や権勢家のためにあるのではなく、貧しい庶民や、流浪の民や、非力な女たちの救いとならなければならぬと考えた。清凉寺で、そういう庶民たちの祈る姿を見て、はっと悟るものがあり、回心した。読み書きのできない人々も念仏を称えるだけで救われる。新しい浄土宗を打ち立てる機縁になった。

若き日の法然はこのまるで生きているような三国伝来の釈迦像を仰いで、どんなに感激したことだろう。

清凉寺では四月十九日に「お身拭式《みぬぐいしき》」があり、苔寺《こけでら》から送られてくる水を香でたき、各地からもたらされた白布をひたして、僧侶たちが念仏する中で尊像をお拭きする。この白布で後に、巡礼たちの経帷子《きょうかたびら》をつくる。死ぬ時、この経帷子を着ると極楽往生する

高さ約6mの大松明から炎が立ちのぼる。

と信じられてきた。
清凉寺の行事で有名なものは、三月十五日の「お松明《たいまつ》式」であろう。「嵯峨のおたいまつ」または「はしらたいまつ」の名で親しまれているこの年中行事は、釈迦入滅《にゅうめつ》の陰暦二月十五日を、陽暦三月にあてて、涅槃会《ねはんえ》の法要が営まれる。その儀式の一つで、本堂前の広場に、高さ約六メートル、約五・八メートル、約五・五メートルの三本のじょうご形の大松明を鼎《かなえ》のように立て合わせ、聖火を灯《とも》し、その火勢によって、その年の米作の豊作を占うという。土地の人々はもちろん、観光客もこの日をめざして訪れ、境内一杯黒山のひとだかりとなる。

住職の読経の中で火がついた小さな松明が、竿の上のじょうご形の中に投げこまれると、三本の松明は見る見るごうごうと音を立てて燃えはじめ、あっというまに身悶えする火竜のように真紅の炎が上下に走り、やがて三匹の大竜がもつれあいながら天空に駈け上がってゆく。火焔の勢はますます強く、火の粉が、火の蝶のように夜空に飛び、燃えさかる火の音が竜のほえるように聞こえる。

松明は釈尊を荼毘《だび》に附したことになぞらえているのだという。三本の松明は、早稲《わせ》、中稲《なかて》、晩稲《おくて》に見立てて占うとか。本堂前に賑やかに立て並べられた赤い高張提灯が華やかで、これは嵯峨の各町名をあらわした十三箇の紅提灯で、今年の相場を占うのだそうだ。

清涼寺で見逃せないのは、本堂の右側にある霊宝館で、中に収められているのは源融の面影を写したといわれる丈六の阿弥陀仏である。嵯峨光仏という名で呼ばれ、観音、勢至《せいし》の脇侍《わきじ》を従えた尊容は、やや面長ながら端整な表情で平安初期の名残を伝えてすばらしい。境内には源融の墓もある。

[1]源融：822〜95年。下位の藤原基経が摂政となったことで政界を去る。宇治に営んだ別荘はのちに平等院となった。

[2]鵜飼光順師：清凉寺27世住職。現在の御住職は鵜飼光昌師。

[3]忉利天宮：古代インドの世界観にある須弥山の頂きの天界の宮。摩耶夫人は釈迦の生後7日に没し、ここに転生した。

[4]毘首羯磨：帝釈天の侍臣で、細工物や建築をつかさどる神。転じて、美術工芸に巧みな人。

[5]鳩摩羅什：344〜413年。亀茲国（新疆ウイグル自治区クチャ県）の西域僧。後秦の時代に長安に来て約300巻の仏典を漢訳し、仏教普及に貢献。初代三蔵法師と言われている。

[6]法然上人：1133〜1212年。比叡山で天台宗の教学を学び、のちに「南無阿弥陀仏」と念仏を唱えれば死後平等に極楽に往生できると説き、浄土宗の開祖となった。

境内で小倉山を背景にたつ多宝塔は江戸時代に建立。多宝如来を安置する。

清凉寺

京都府京都市右京区嵯峨釈迦堂藤ノ木町46　☎075-861-0343　拝観時間9:00〜16:00（4月・5月、10月・11月は9:00〜17:00）拝観料400円　JR京都駅からJR山陰本線（嵯峨野線）嵯峨嵐山駅下車徒歩10分。京都駅から市バス、または京都バスで約50分、「嵯峨釈迦堂前」下車徒歩5分。◎御本尊の開扉は通例、毎月8日11:00以降と4月・5月、10月・11月。霊宝館特別公開は4月・5月、10月・11月。嵯峨御松明式は3月15日、嵯峨大念仏狂言は4月第1日曜、第2土曜、日曜に行われる。
HP http://seiryoji.or.jp/

仏縁コラム

京の行楽地《リゾート》を賑わせた釈迦像の魅力

清凉寺には、生身のお釈迦さまがいらっしゃる。そう信じて、人々は釈迦堂を訪れ、手を合わせてきました。

清凉寺の名は、文殊菩薩が「清凉山」に住んでいると『華厳経』に説かれていることに由来します。清凉山は古くから、中国三大霊山の一つである五台山のことと信じられていました。

奝然《ちょうねん》は五台山を巡礼し、インド伝来の釈迦如来像の模刻を許され、日本に持ち帰ります。京都の北西にある愛宕山を五台山に見立て、この釈迦如来像を本尊に大伽藍を建立しようとしました。しかし、夢かなわず、弟子の盛算が愛宕山の麓・嵯峨の棲霞寺《せいかじ》に、釈迦堂を建てて清凉寺としました。

嵯峨の地は平安京の行楽地《リゾート》で、嵯峨天皇の離宮であった大覚寺など、名刹、由緒寺院などが数多くある場所です

この釈迦像は、縄目を巻いたような髪、襟元まで引き詰めて両肩にまとった大衣などの特徴があり、異国的容貌をしています。清凉寺式釈迦如来像と言われ、中国から中央アジアまで広く分布して信仰されています。

国内でも模刻され、唐招提寺、西大寺、鎌倉の極楽寺、称名寺、目黒の大圓寺などに祀られ、少しずつ容貌に違いがあります。

棲霞寺の本尊であった阿弥陀三尊像も霊宝館にて拝むことができます。阿弥陀仏を信仰し、この仏像造立を発願《ほつがん》した源融の面影を映していると伝えられる美男の仏さまです。

京都府

聖観音《しょうかんのん》・地蔵菩薩

——寂庵《じゃくあん》

四季の風情に溢れたわが庵、鳥たちの声、花々の香り。石仏たちが微笑むなか、観音さまを今日も拝む。

四季の風情に彩られる「花浄土」

寂庵とは私が昭和四十八（一九七三）年十一月十四日に出家して、一年後に結んだ庵《いおり》である。京都嵯峨野の小倉山の麓にある。

寂庵の前庭に立って東の方を眺めると、庵のすぐ前には田畑が開かれている。これは寂庵の前田《まえだ》と、今では俳句に詠まれるほど風情のあるものである。他人の持ちものだが、真ん前にあるのだから、寂庵の前田と詠まれても、つい、自分の田のような気分がしてしまう。

前田の向こうは嵯峨野が開けていて、昔、兼好法師の住んでいたと伝わる双ヶ丘《ならびがおか》が見渡せる。丁度、京都市中と嵯峨野の境界に屏風を立てたようで、そのもっとはるか彼方には東山連峰が連なっている。

朝日も月もこの東山から昇り、京都の市街を渡って嵯峨野へ入り、小倉山に沈んでゆく。

東山の左よりに、三角形のひときわ高い峯が聳えているのが比叡山の四明ヶ岳《しめいがだけ》である。

寂庵の前庭に立ち、朝日を拝めば、四明ヶ岳も同時に拝めることになる。

庵の木の門の前に立つと、正面すぐそこに曼陀羅山があり、その麓には嵯峨野のシンボルのようになっている藁屋根のどっしりした民家が見える。

まるい丘のような曼陀羅山には、鳥居形の刈込みが見える。毎年八月十六日の五山送り火には、この鳥居形に火があかあかと燃える。寂庵の前庭から望む東山の大文字に真先に火がつき、妙法、舟形、左大文字とつづき、最後に火がつくのがこの鳥居形である。

寂庵に移った最初の夏、二つの送り火を門から眺め、何といいところへ来たかと思った。曼陀羅山と寂庵の間には曼陀羅川が流れている。溝のように小さな流れだが、清らかな水が流れ、移った当時は夏になると、蛍がこの上を飛びかい、幻のように美しかった。

寂庵の住所は、京都市右京区嵯峨《さが》鳥居本《とりいもと》仏餉田町《ぶっしょうでんちょう》と、長たらしい。仏餉とは、仏に供える米飯や供物のことで、仏餉田とは、その材料を作る田のことである。つまり寂庵のあたりは、昔はどこか近所の寺の田畠で、そこで供物としての米や野菜を作っていたのだろう。

曼陀羅というのはサンスクリットのmandalaの音写で、壇、道場などと訳す。輪円の意味もあり、インドで秘法を修する時、魔の侵入を防ぐため円形でその道場を画したことから、道場という。また密教では諸仏諸菩薩を描いて曼陀羅図を作って祈願した。たまたま探しあてたこの土地がそういう仏教語で包まれていたのも不思議な縁だと思って、私はここを出家後の住家としたのだった。ただ自分の庵としてひっそり晩年を過ごすつもりだったが、十年余りすぎて、出家者は自分だけの平安を守ってはならない、大乗仏教では忘己利他《もうこりた》の精神で、社会に奉仕すべきであると思い、姉のすすめもあって、庵の庭の一隅に道場を造ることにした。昭和六十（一九八五）年五月十五日に道場の落慶《らっけい》（落成を祝うこと）となった。その時はじめて単立の宗教法人として寺とした。寺の名前は迷わず「曼陀羅山寂庵」とつけ、道場は「嵯峨野僧伽《さがのさんが》」と名づけた。

門を開き、入門料はとらず、すべてのサンガの行事は無料にした。寺は参詣者から布施をいただくのが当然とされ、また、それで成り立つものだが、私の寺は檀家もなく墓もなく、祈禱も主ではないので、布施の強要はしないことにした。むしろ僧侶として仏《ほっ》施《せ》をして、人々に無償の奉仕をすることが、私のような修行未熟の僧の勤めではないか。

何といっても寂庵は四季の風情がすばらしく、庵を開いた時は造成地で草一本なかった土地に、私が植えつづけた木々が大きくなり、苔がしっとりとつき、あらゆる季節に、それぞれ趣きの深い感じになっている。

寂庵には桜だけでも枝垂《しだ》れが三本、山桜が一本、普賢象《ふげんぞう》桜、うこん桜が一本ずつある。梅は、白、赤、しだれ、黒梅、ピンクと多く、源平桃という白と赤が一緒に枝につく桃もある。また、著莪《しゃが》が咲き、紫木蓮《もくれん》が咲き、花みずき、それに牡丹も満開となる。

ある人が、「ここは花浄土ですね」と言ってくれたのが一番嬉しかった。菫《すみれ》や蓮華《れんげ》は、植えたのではなく、風や鳥が運んできてくれた。

花があるので、鳥や蝶の訪れ

寂庵の門前にて。嵯峨野ののどかな風景を望む。

寂庵の本尊の聖観像。千体仏のひとつと伝わる。

も多い。座敷をあけっぱなしにしておくと、とんぼがわがもの顔に座敷を飛びまわっている。

寂庵の御本尊は聖観音で、まだ寂庵が建つ前に一目見て惹かれた観音さまだった。以来、この聖観音が私と寂庵の守り本尊になっている。

最初は小さな持仏堂で拝んでいた観音さまは、四十畳のサンガに移し、春日厨子《かすがずし》に収めさせていただいた。落慶法要をして以来、全国から信じられないほどの人々がサンガに集まり、この観音さまを拝んでいく。

庭の石仏たちが見守ってくれる

庭にひとつ残る石地蔵は自ら彫ったもの。苔むす頭も可愛らしい。

庭に可愛らしい石仏が多いのは、ほとんど彫刻家の須藤賢先生が、御自分の作を御寄進下さったもので、すっかり苔がつき、寂庵のシンボルになっている。そのなかにひとつ、私の彫った石の地蔵菩薩もある。

書道家の榊莫山先生は、「寂」という字を彫りこんだ白い大きな石を贈って下さった。これは寂庵の臍といって、みんなに親しまれている。

秋の名月は寂庵で見る月こそ、嵯峨野一だと自慢に思っている。

ほうぼうの名刹でも月見の宴があるが、観光客が一杯で、月見の静かさはない。

寂庵で月見台として造ったはり出し縁に、月見だんごや花を供え、ひとりで名月をほしいままに眺める豪華な贅沢さは、よくぞ出家したものだと思う。

また冬の寂庵は、私の最も好きな時である。この頃雪が少なくなったが、それでも毎年、必ず雪の降りつもる日々はある。そんな日は、寂庵は文字通り、この上なくしんしんと寂《しず》かで、心が落着く。

私はここへ住みはじめての冬、はじめて雪に囲まれて、思わず、

寂庵や終《つい》の栖《すみか》に嵯峨の雪

という句が口をついて出た。

私の法名の寂聴は、私の師僧の今東光師からいただいた。今師の法名は春聴なので、その一字をいただいたのである。

寂聴という法名の横に、今師は、「出離者《しゅりしゃ》は寂なる乎《か》　梵音《ぼんのん》を聴く」と書いて下さった。

出離者とは、出家した者である。寂というのはさびしいとも読むが、この場合、心が静かで迷いのないことをいう。梵音とは、仏に関するすべての音、たとえば寺の鐘、読経の時の鈴《りん》、木魚の音、読経の声そのものもいう。

その他に私は今師にお伺いした。

「自然の森羅万象のかなでる快い音、つまり、木々の葉の音、小鳥の声、風の声、流れの声など、すべて梵音ではないでしょうか。また生まれてくる赤ん坊の産声、恋人どうしの愛のささやき、母親の子守唄、これもまた梵音ではないでしょうか」

今師はにっこりされて、「おお、そうとも、そうとも」とおっしゃった。

寂庵の前田の蛙は、私がお経をあげて木魚を打った時、わざと早くしたり、遅くしたりすると、それにつられてあわてて、早くなったり遅くなったりしながら、

「ギャーテー、ギャーテー、ハーラーギャーテー」と、一緒にお経をあげてくれる。

寂庵は自然と一体にとけこんでいる。小さな貧しい寺だが、私はこの花浄土を死ぬまで守ってゆきたいと思っている。

［1］兼好法師：1283?～1352?年。日本三大随筆の一つ『徒然草』の作者、吉田兼好のこと。晩年に右京区双ヶ丘あたりに隠棲したと伝えられている。

［2］須藤賢：1904～1998年。彫刻家。中国・雲崗の半跏思惟像などをモデルに多くの石仏を製作。安曇野や喜連川の道祖神も有名。

［3］榊莫山：1926～2010年。書家、作家。50歳を過ぎて故郷の三重県・伊賀に戻った後に、山野を歩き、自然に着想を求めた素朴な画に詩文を添えた「詩書画」の世界を確立した。

［4］ギャーテー、ギャーテー、ハーラーギャーテー：般若心経の経文の一部で「羯諦羯諦（ギャーテーギャーテー）波羅羯諦（ハーラーギャーテー）」。行ける者よ、行ける者よ、彼岸に行ける者よ、という意味で、その後、彼岸に完全に往ける者よ、その者にさとりあり。幸いあれ、と唱えていく。僅か300字足らずの本文に大乗仏教の真髄が説かれているといわれている。

客間には榊莫山さんの手がけた仏画の掛け軸が飾られ、香が炊かれている。

寂庵

京都府京都市右京区嵯峨鳥居本仏餉田町7-1☎075-861-6770　拝観については、定例行事のとき以外は閉門。JR山陰本線（嵯峨野線）嵯峨嵐山駅からタクシーで約10分。市内から京都バスで「大覚寺道」下車徒歩10分。◎「写経の会」（毎月1日開催　10:00～15:00　参加予約不要）、「法話の会」（毎月第3日曜日　13:00～　入場受付は12:30～　参加には事前申込みが必要）。なお8月と12月はすべての定例行事がお休み。寂庵法話の会の申込みは往復はがきで。詳細は問い合わせを。HP https://www.jakuan.jp

ほとけ径、巡礼マップ

寂聴さんが仏さまを訪ねて巡った寺々。
山里、花咲く径、なつかしい町並み……
ぜひ実際に足を運んで、新たな仏縁を結ばれますように。

天台寺

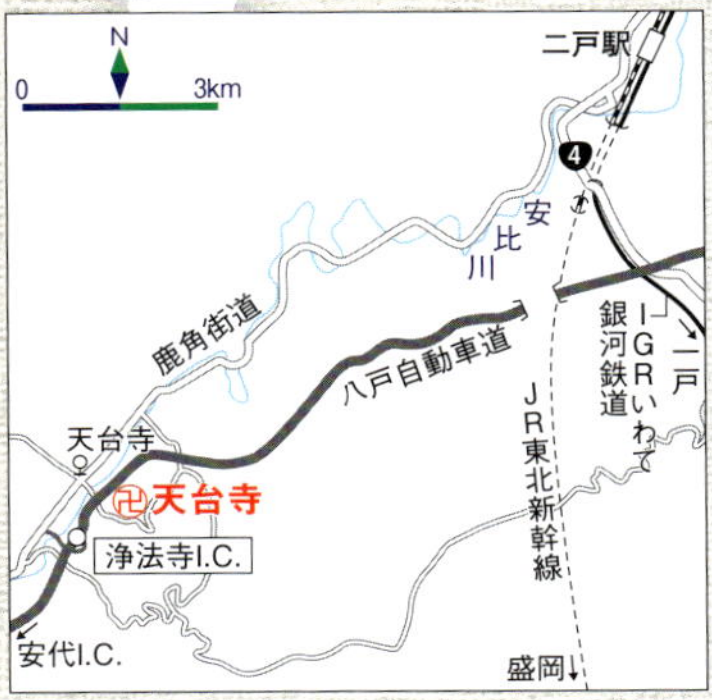

岩手県広域

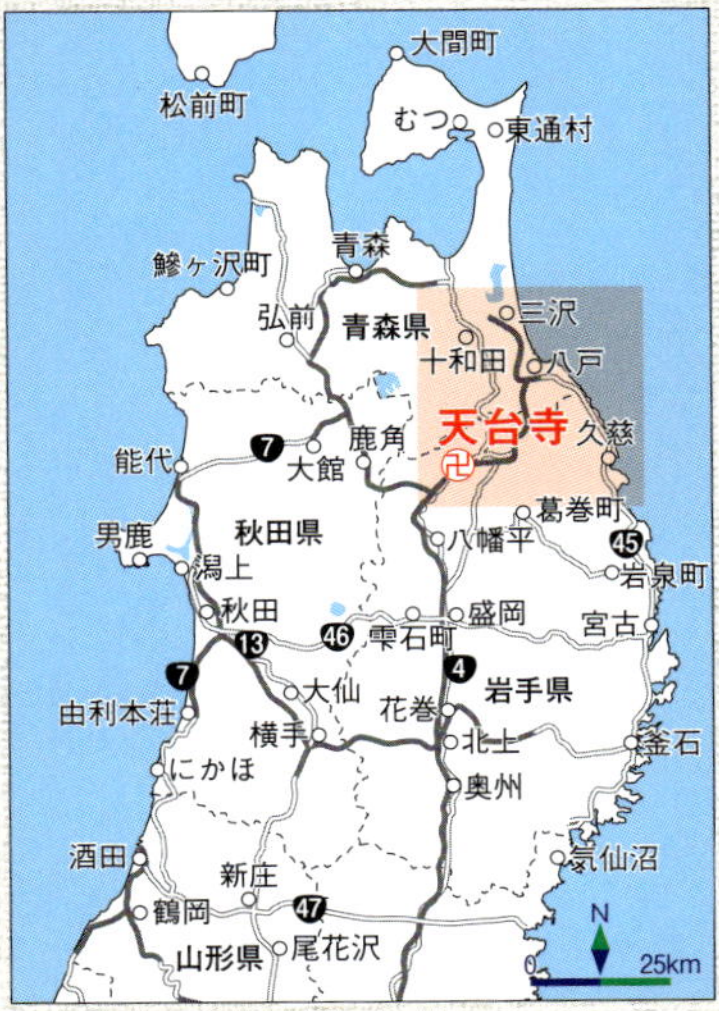

岩 手 県

滋賀県

滋賀県広域

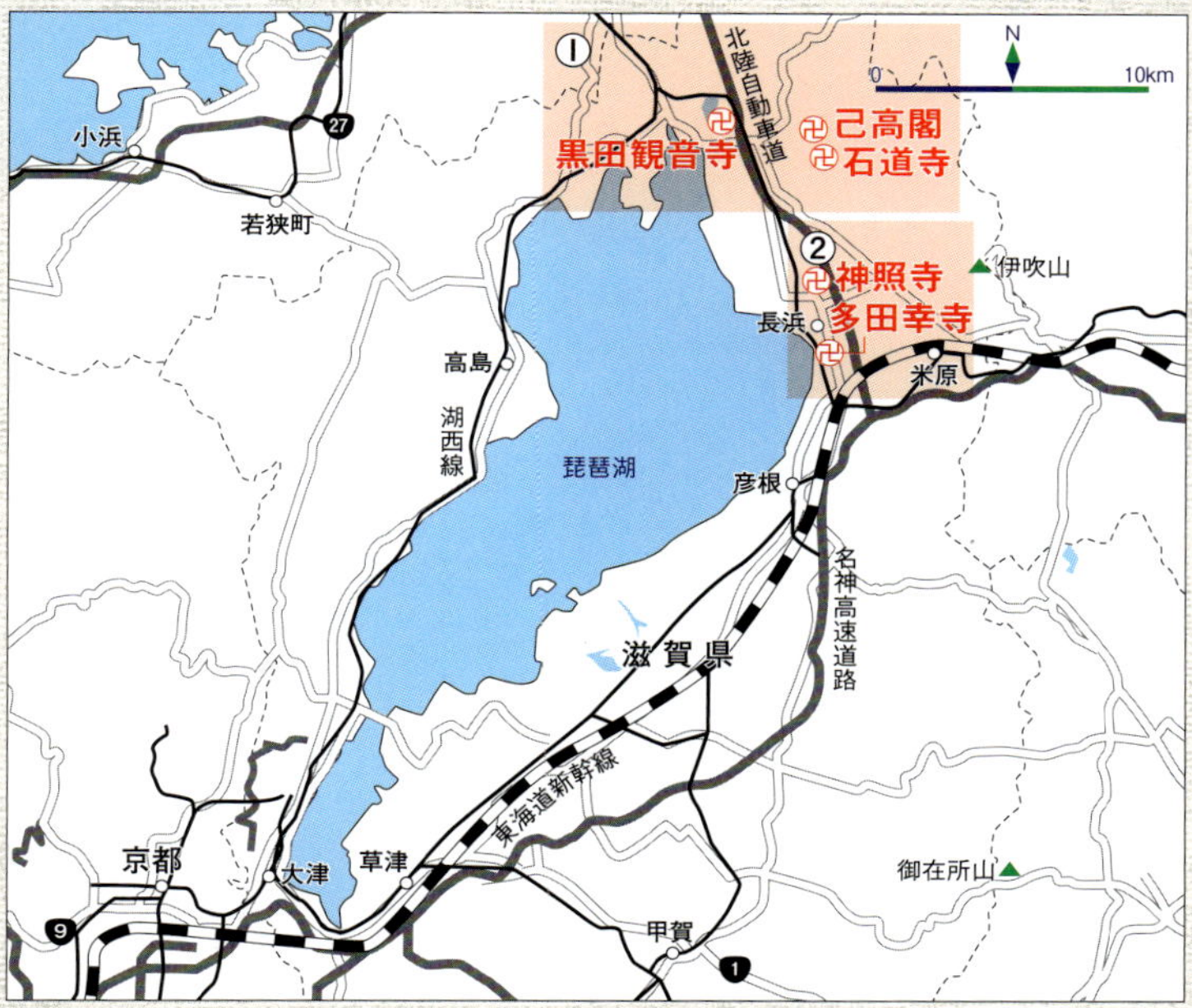

②神照寺・多田幸寺

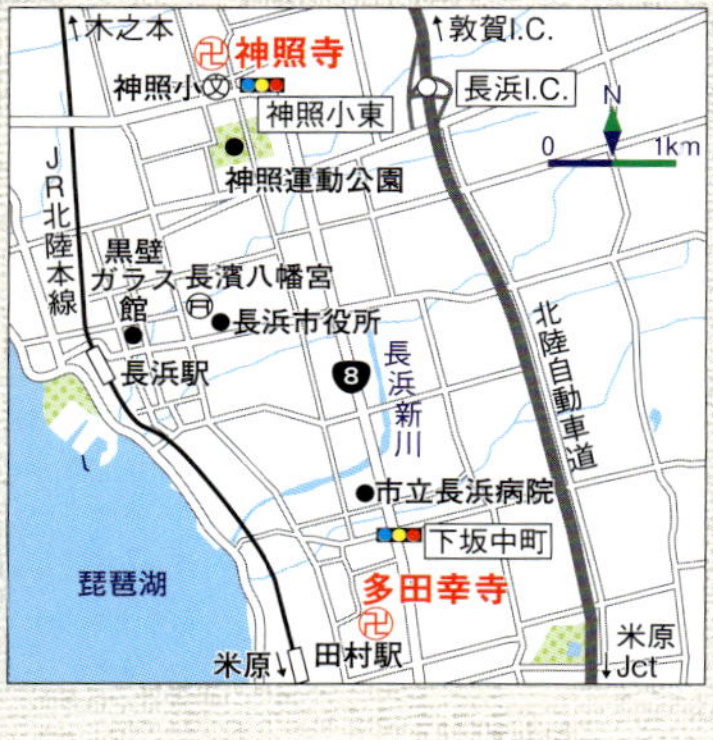

①黒田観音寺・己高閣・石道寺

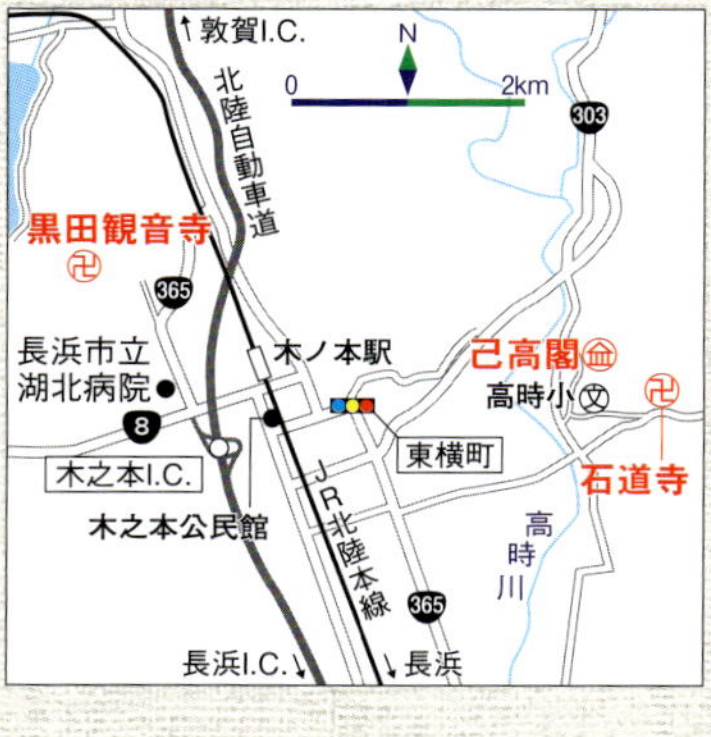

京都府

京都府広域《A》

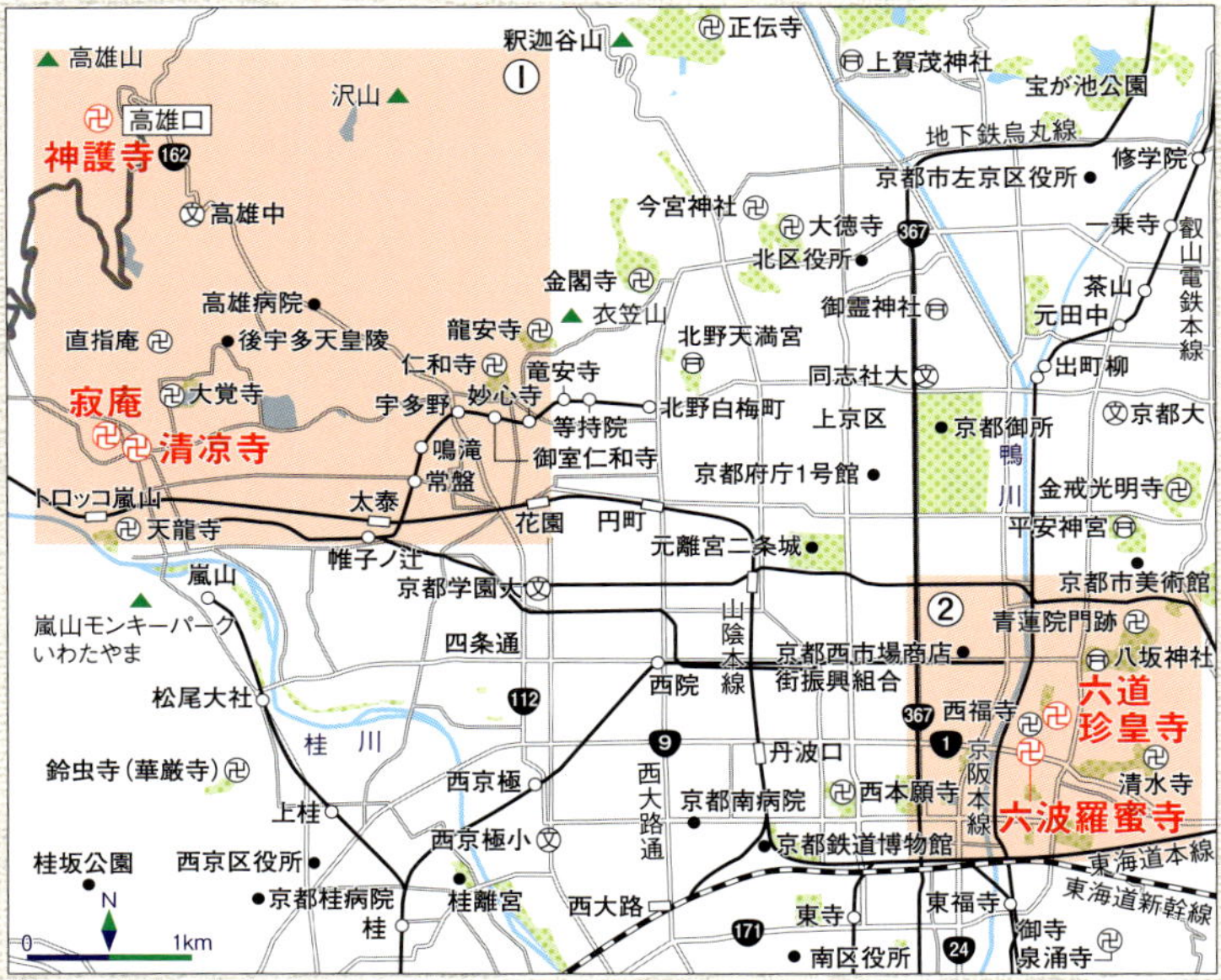

京都府広域《B》

①神護寺・清涼寺・寂庵

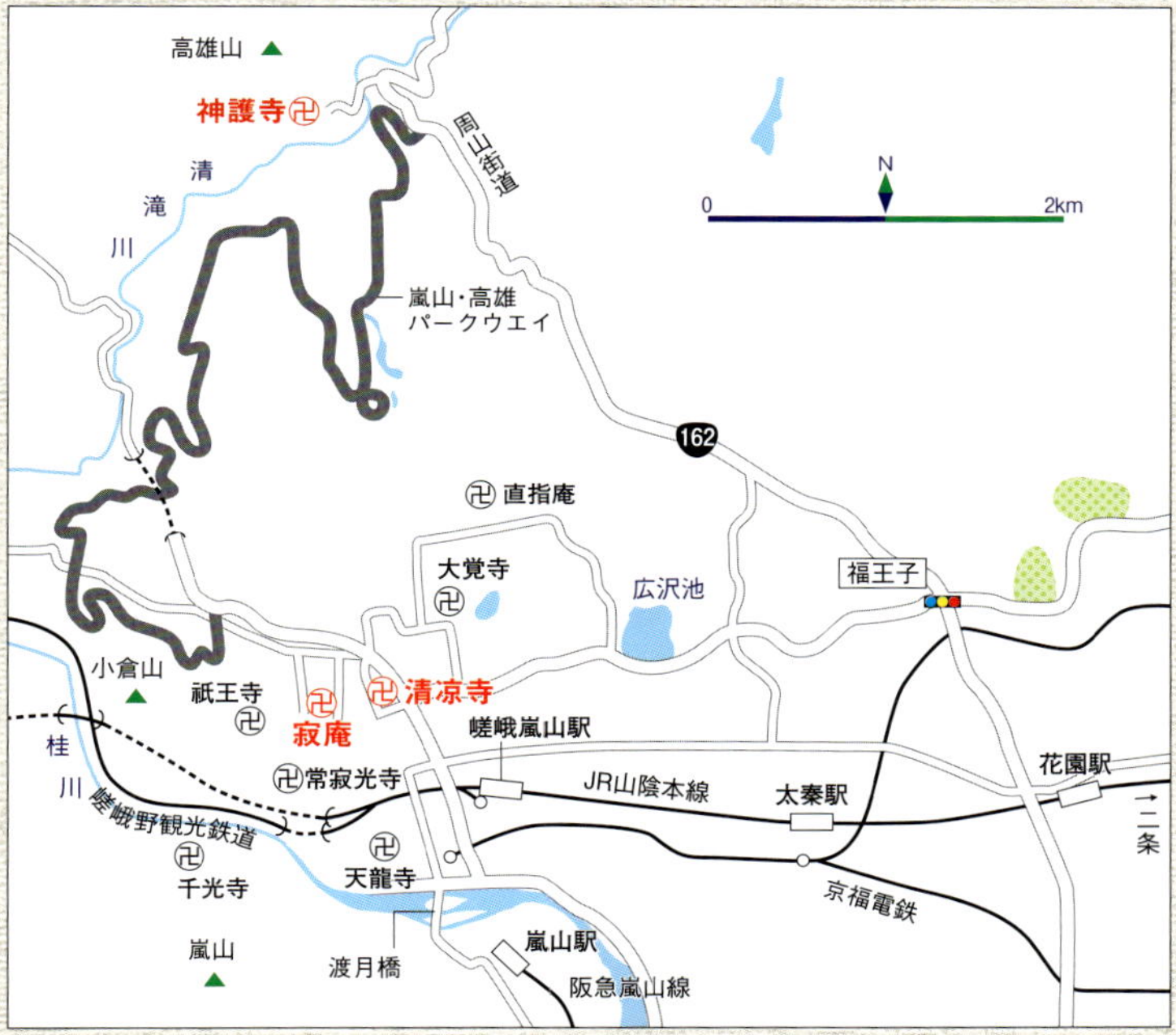

③浄瑠璃寺・岩船寺

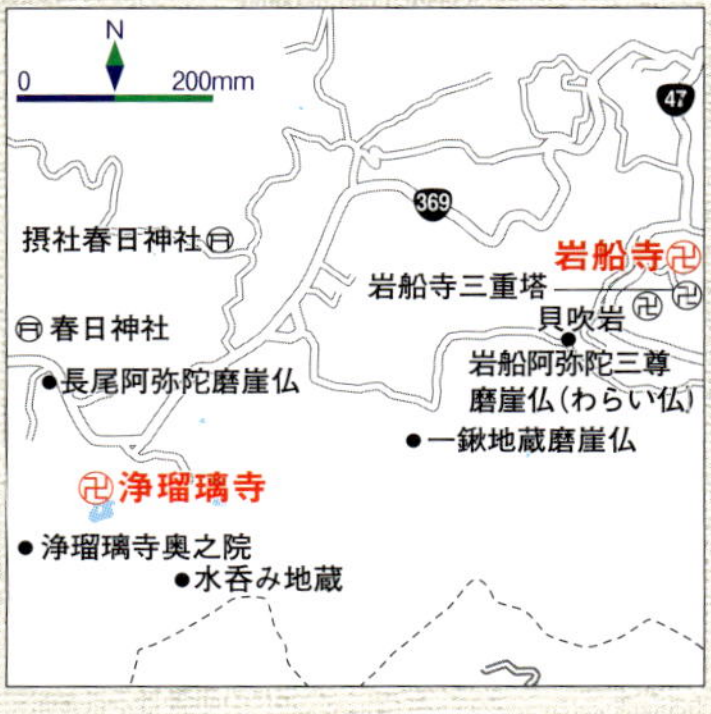

②六道珍皇寺・六波羅密寺

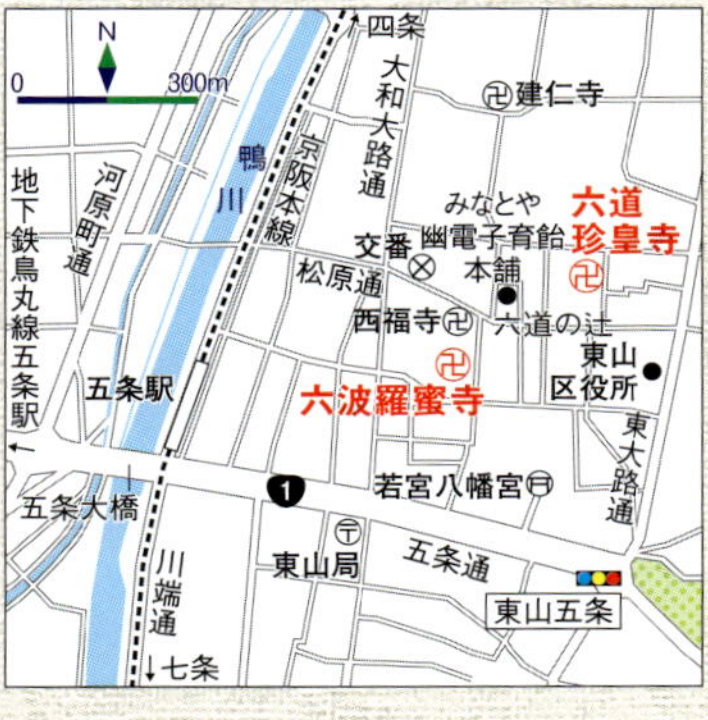

奈良県

奈良県広域

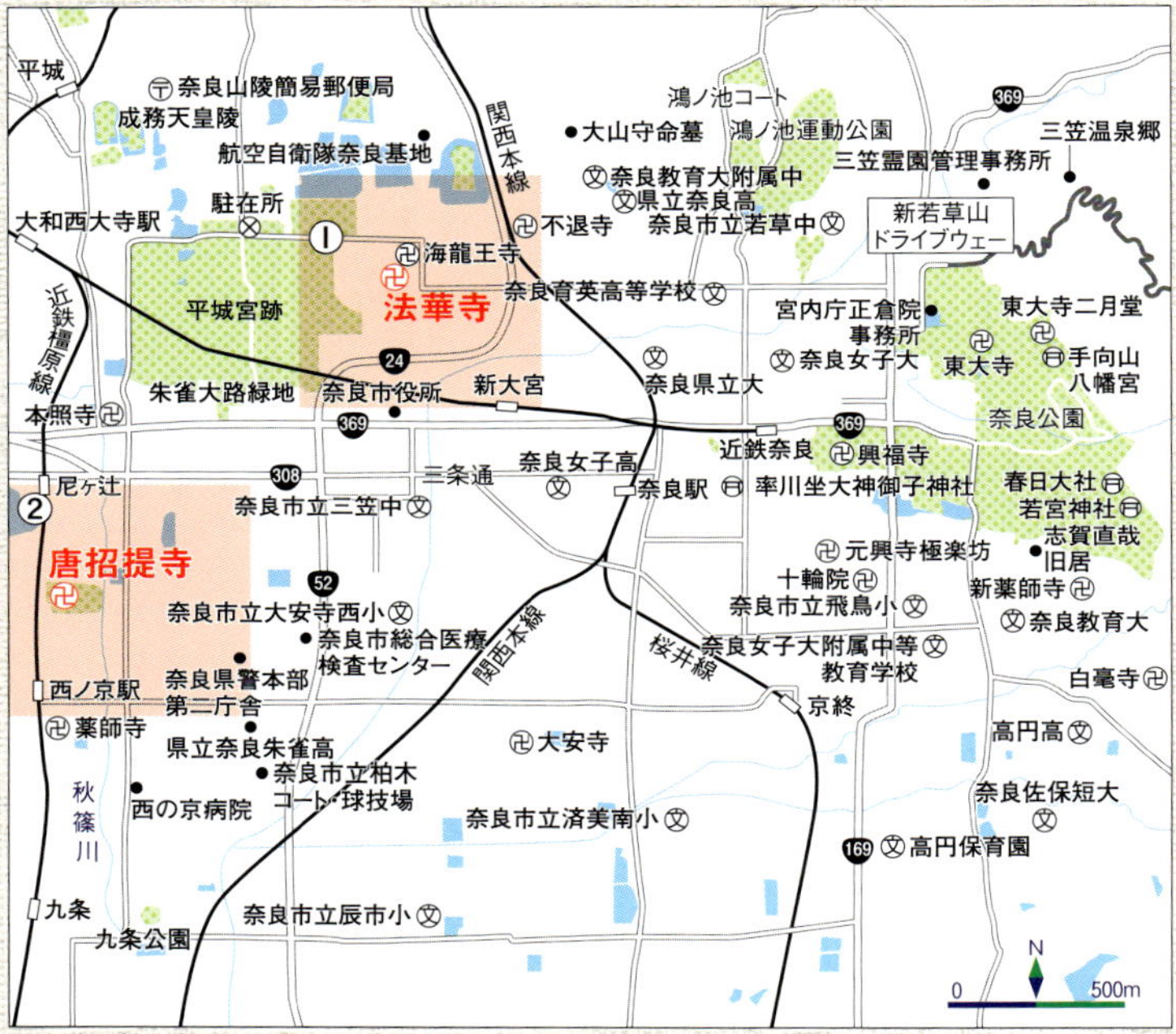

②唐招提寺

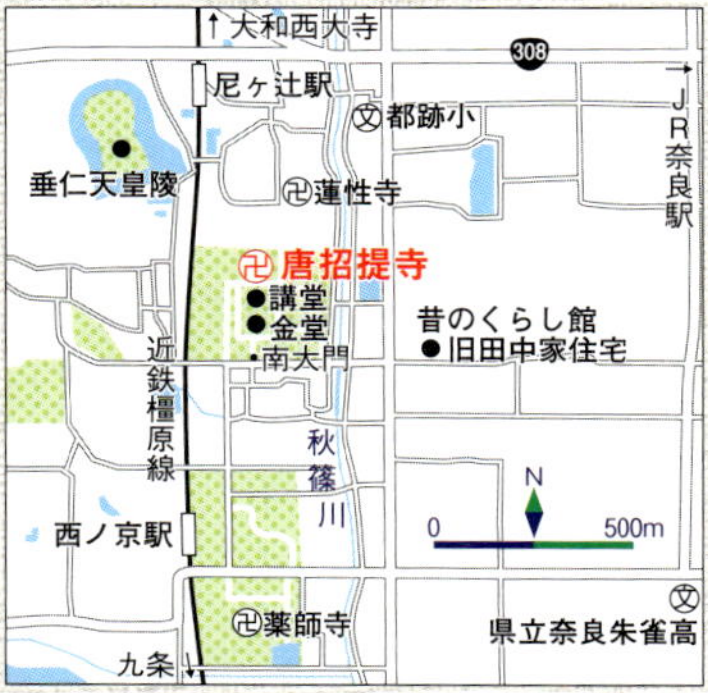

①法華寺

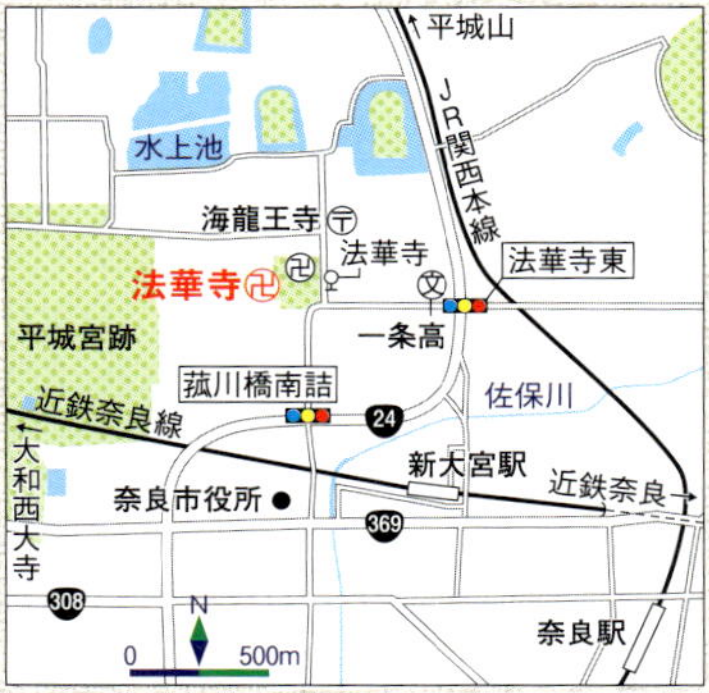

瀬《せ》戸《と》内《うち》寂《じゃく》聴《ちょう》

作家、僧侶。1922年、徳島県生まれ。'43年、東京女子大学卒業。'57年『女子大生・曲愛玲』を発表して以来、『田村俊子』『かの子撩乱』『青鞜』『美は乱調にあり』など伝記小説を多数執筆。'63年『夏の終り』で女流文学賞受賞。'73年、平泉中尊寺で得度。法名寂聴（俗名晴美）。'74年、京都・嵯峨野に「曼陀羅山　寂庵」を開く。'87年～2005年、岩手県天台寺住職を務めて、現在は名誉住職。'92年『花に問え』で谷崎潤一郎賞、'96年『白道』で芸術選奨文部大臣賞、97年、文化功労者。2001年『場所』で野間文芸賞、'11年『風景』で泉鏡花文学賞を受賞。'98年『源氏物語』（全10巻）現代語訳完訳、'02年『瀬戸内寂聴全集』（全20巻）が完結。'06年、イタリア国際ノニーノ賞受賞、文化勲章を受章。07年、比叡山禅光坊住職に就任。近著に『求愛』、『老いも病も受け入れよう』などがある
寂庵 HP http://www.jakuan.jp

写真
・土井武（天台寺、石道寺、己高閣、黒田観音寺、六道珍皇寺、六波羅蜜寺、多田幸寺、神照寺、唐招提寺、清凉寺、寂庵）
・中田昭（浄瑠璃寺、岩船寺、神護寺、清凉寺）
・宮家秀明（法華寺）
・浅沼光晴（六波羅蜜寺・空也上人立像）
・田中眞知郎/PPS通信社（唐招提寺・鑑真和上像）
・斉藤ユーリ（カバー写真、天台寺、寂庵、著者近影）

写真協力　法華寺、六道珍皇寺、六波羅蜜寺
コラム執筆　藤井正史
ブックデザイン　TYPEFACE（AD.渡邊民人　D.小林麻実）

＊この本は、株式会社マガジンハウスから'98年に刊行された『寂聴ほとけ径－私の好きな寺』『続・寂聴ほとけ径－私の好きな寺』をもとに、新たな写真と原稿を加えて構成し、書籍化したものです。

わたしの好きな
仏さまめぐり

2017年２月23日　第１刷発行

著者 瀬戸内寂聴

発行者 石﨑 孟

発行所 株式会社マガジンハウス
〒104-8003　東京都中央区銀座3-13-10
書籍編集部　☎03-3545-7030
受注センター　☎049-275-1811

印刷・製本 大日本印刷株式会社

ISBN978-4-8387-2910-4 C0095